农业科学技术理论研究丛书

温室生态经济系统分析

李萍萍　李冬生 等　著

科学出版社

北　京

内 容 简 介

本书以我国各地,特别是南方地区常见的玻璃自控温室、连栋塑料温室和单栋塑料大棚三种蔬菜温室为对象,系统地分析温室生态经济系统的结构和功能。采用试验与调研相结合的技术路线,研究温室生态经济系统的组成和结构特点、温室小气候环境特点及温室作物的光合作用对环境因子的响应;比较不同类型温室和蔬菜种植方式下温室系统的能量流、物质流和价值流的特点,并建立相应的数学模型;探讨温室基本功能综合评价指标体系,提出温室生态经济系统功能结构改善的途径。本书既有微观技术,又有宏观分析,可以为我国温室种植业生产的科学管理和合理调控提供科学依据。

本书可以作为农业工程、农学、园艺、生态学等专业的研究生教材和设施园艺专业本科生教材,也可作为相关专业科研人员的参考用书。

图书在版编目(CIP)数据

温室生态经济系统分析/李萍萍,李冬生等著.—北京:科学出版社,2011.3
(农业科学技术理论研究丛书)
ISBN 978-7-03-030306-6

Ⅰ.①温… Ⅱ.①李…②李… Ⅲ.①温室栽培-生态经济-系统分析
Ⅳ.①F307.1

中国版本图书馆 CIP 数据核字(2011)第 023100 号

责任编辑:丛 楠 景艳霞 / 责任校对:张小霞
责任印制:徐晓晨 / 封面设计:耕者设计工作室

科 学 出 版 社 出版
北京东黄城根北街 16 号
邮政编码:100717
http://www.sciencep.com

北京厚诚则铭印刷科技有限公司 印刷

科学出版社发行 各地新华书店经销

*

2011 年 3 月第 一 版 开本:B5(720×1000)
2016 年 8 月第二次印刷 印张:10 3/4
字数:210 000

定价:**39.00 元**
(如有印装质量问题,我社负责调换)

前　言

　　20世纪70年代后期以来,我国的设施农业得到突飞猛进的发展,我国成为世界上设施农业面积最大的国家,为农业增产、农民增收和农村发展作出了积极的贡献。随着设施农业的发展,设施结构也不断发生变化,结构简单的季节性中小拱棚所占的比例不断缩小,而装备水平相对较高的温室大棚的比例不断提高,特别是土地利用率高的连栋温室、环境控制程度高的现代化自控温室等已由"示范温室"变成了"生产温室",在长江三角洲等经济发达地区发展很快,成为设施农业发展的方向。

　　温室产业的发展得益于温室农业研究取得的进展。长期以来,为解决蔬菜的季节性短缺问题,提高抗灾堵缺能力和土地生产力,我国许多科学技术工作者从装备与技术、工程与生物等多个方面对温室农业进行了研究,在温室结构设计、环境控制装备与技术、温室专用品种培育及高产栽培模式等方面都取得了显著的成果,推动了我国温室农业的快速发展。但是纵观我国几十年温室领域的研究,单项性的技术研究较多,而将技术与经济集成一体的研究较少;微观技术研究较多,而从生态系统角度进行微观与宏观结合研究很罕见,这在一定程度上制约了温室农业管理水平的提高和产业的发展。

　　李萍萍教授1985年从浙江农业大学农学系(现浙江大学农业与生物技术学院)硕士毕业后,长期在南京农业大学从事农业生态系统及耕作制度的研究。1995年进入江苏大学(当时为江苏理工大学)农业工程博士后流动站,开始从事设施农业研究;博士后出站后,一直从事该领域的研究。15年来,主持承担了国家自然科学基金项目"温室作物周年高产高效的生态环境优化调控研究(39870153)"和"基于信息融合的温室环境优化调控研究(30771259)",江苏省自然科学基金项目"温室和大棚冬季综合环境动态优化控制研究(BJ98010)"和"基于信息融合的温室环境控制决策支持系统的基础研究(BK2006076)",江苏省教育厅重大基础研究项目"基于作物生理生态模型的温室环境控制决策系统研究(08KJA210001)"等基础研究项目以及一批应用研究项目。其带领课题组在温室生态环境优化调控、温室高产高效栽培技术与模式、温室系统建模与仿真、温室管理的决策支持系统和专家系统等方面进行了一系列的试验研究,特别是将农业生态系统的研究方法移植到设施农业的创新研究中,将微观技术与宏观分析相结合,从生态经济系统的角度开展了深入的研究。本书是这些研究成果中的一部分,书中重点介绍了温室系统的小环境特点,不同环境下温室蔬菜作物光合作用的动态变化规律,不同类型温室及不同种植方式下的初级生产力及环境管理要点,温室生态经济系统的能量流动、物质流动和价值流动的特点,系统基本功能评价的指标体系,以及改善温室生态经济系统功能的途径。可以说本书既是农业生态与设施农业学科融合的结晶,也是学科交叉的一次尝试。

本书是由李萍萍教授领导的课题组集体完成的学术专著。各章编写大致分工为:第1章和第2章,李萍萍;第3章,李萍萍、胡永光、王纪章;第4章,李萍萍、李冬生、胡永光;第5章和第6章,李萍萍、李冬生;第7章~第9章,李冬生、李萍萍;第10章,李萍萍、王纪章、李冬生。毛罕平教授、吴沿友研究员在项目实施方面给予了很多支持和帮助。一些研究生和教师参与了部分试验和研究工作,他们是:尹学举、夏志军、陈歆、葛婷婷、周静、赵青松、朱永莉、付为国、刘继展和赵玉国等。江苏省镇江市京口区蔬菜研究所陈兰芳、刘卫红等为本研究中的部分试验提供了条件和数据。此外,我国设施农业领域和农业生态领域许多专家给予了关心、帮助和支持,在此一并表示衷心的感谢。

温室生态经济系统非常复杂,类型多种多样,本书仅选取了三种有代表性的温室和少数几种蔬菜种类及种植方式,研究成果仅起着抛砖引玉的作用。希望今后有更多的专家和学者对温室生态经济系统进行更深入细致的高水平研究,并进一步创立温室生态经济学。同时,由于著者学术水平有限、时间仓促,本书不妥和疏漏之处在所难免,恳请读者不吝赐教。我们愿与国内外同行进行广泛的交流合作,推动温室种植业研究和产业的发展。

著　者

2010年8月于江苏大学

目　　录

第1章 绪 论

温室农业是指在采用各种材料建成的、具有一定温度和其他环境因子调控能力的各类温室大棚等设施内进行作物栽培和畜禽养殖的方式,是农业生产的一种特殊形式。由于目前温室大棚大多是用来种植作物,且种植的作物种类主要是不耐储藏的蔬菜、鲜花等园艺植物,所以温室农业一般是指温室种植业,也称为温室园艺业。温室农业是设施农业中最重要的部分。

1.1 国内外温室农业的发展现状

国际上温室农业的发展源自 20 世纪 50 年代。温室农业的研究主要包括:适合不同的自然和经济条件的温室结构、温室环境控制的装备和技术、与温室环境条件相适应的作物品种和种植方式等方面,经过半个世纪的研究与实践,取得了快速的发展。在结构研究方面,荷兰的 Venlo 式玻璃连栋温室,以色列的连栋塑料温室等已在世界各国被推广;在环境控制装备方面,开发了能对温室的温度、湿度、光照、CO_2 气体、营养液等综合环境因子进行计算机在线检测和控制的成套装备系统;在温室作物品种方面,筛选育成了耐低温弱光的品种及温室专用长采收期品种及其相应的一年一茬的种植技术。此外,温室产业发达的国家还在温室作物的模拟模型、基于模型的环境控制技术、温室综合管理技术等方面进行了研究。这些研究成果经过集成后在生产上应用,使得生产不受气候和土壤条件的影响,在有限的土地上周年均衡地种植、供应蔬菜和鲜花已成为可能。目前,在温室生产发达的国家,黄瓜和番茄等园艺植物的周年产量可以达到 $52 \sim 70.5 \ kg/m^{2[1,2]}$。单个温室面积大、高度高、具有配套的环境自动控制系统以及相应的种植模式、专业化程度高等是发达国家温室农业的显著特点。

尽管根据史书的记载,我国温室农业已有几百年的历史,但是其真正地成为产业并得到快速发展源于 20 世纪 70 年代。目前我国各类农业设施面积已超过 335 万 hm^2,为世界第一。设施的类型也由以季节性利用的中小拱棚等简易设施为主体,发展到周年可利用的温室和塑料大棚为主体(约占各类设施总面积的 50%)[3];现代化的连栋温室和环境自动控制系统从依靠进口发展到能够完全国产化自主生产,并在一些城市郊区和经济发达的农村得到推广应用。由于温室大棚是农业设施中装备水平较高的部分,代表着一个国家和地区的设施农业发展水平,因此,对温室农业的研究一直是设施农业中研究的重点和热点。我国地域辽阔,各地气候条件和社会经济条件差异大,温室大棚的类型也多种多样。例如,温室根据其结构不同可以分为温室和塑料大棚,单栋温室和连栋温室等;根据覆盖材料不同又可以分为塑料温室、玻璃温室和 PC 板温室等。在南方地区常见的是塑料大棚和塑料连栋温室,而在我国北方地区还有一类特殊结构的日光温室。

1.2　温室农业的生态效益、经济效益和社会效益

温室农业的快速发展,促进了我国农业特别是园艺业的高产、优质和高效发展。温室农业在生态、经济和社会效益方面显示出巨大的生命力。

1.2.1　生态效益

最大限度地利用光温等可再生资源,合理利用和保护土地、水等再生能力有限的资源,以及保护和改善农业生态环境,是农业发展的主要生态效益指标,温室农业在这方面起到了积极作用。

(1)提高光温气候资源和土地资源的利用率。温室栽培与露地栽培的最大差别,在于温室内的温度高,在寒冷季节可以种植作物或者促进作物生长,土地的复种指数和集约利用程度提高,使得周年作物产量提高。目前,我国的温室作物蔬菜产量为 20～30 kg/m²,尽管平均水平不足荷兰等温室园艺发达国家水平的 1/2,但仍比露地栽培产量成倍提高[5],所以光温资源利用率及土地利用率也大幅度提高。

(2)提高水资源的利用效率。温室栽培条件下,温室内空气湿度较大,土壤的蒸发量和作物蒸腾量比露地低,使得相同产量的需水量减少。而且大部分温室中,都采用滴灌与微喷等微灌技术及集水措施相结合,可以有效提高水资源利用,节水 30%～50%[6,7]。尽管温室中一些夏季降温措施需要消耗水资源,但一般湿帘降温系统中的水分进行循环利用,在微喷系统中需水量也很少,这两种方法在调节温度的同时,也调节了湿度,有利于克服或缓和作物光合作用午休现象,提高光合作用速率,实际水分利用率仍较高。

(3)降低肥料的流失,提高肥料利用率。温室生产是在有覆盖物遮盖的条件下进行的,与露地农业相比,没有了雨水的淋溶,因此也就没有了养分随水流失,不仅使肥料的利用率大大提高,而且降低了对环境的面源污染。此外,生产者对温室的肥水管理一般比露地栽培精细,并注重有机与无机肥相结合,所以尽管土地集约化利用程度高,土壤肥力可以得到维持和提高[8-14]。有研究表明[15],温室、大棚长期蔬菜栽培条件下,土壤主要养分含量得到提高,土壤脲酶活性、中性磷酸酶和酸性磷酸酶活性也都有增加趋势,水稳性团粒增加,物理性状改善。

（4）减少农药用量，降低对环境的污染。农药是农业生产对环境的主要污染源。露地栽培条件下，南方地区高温高湿季节里栽种小白菜等夏季绿叶蔬菜，3 天不用农药作物就难以生长，产品内农药残留量大。温室栽培可以通过多种途径减少农药的使用量。例如，用防虫网覆盖进行封闭式栽培，对夏秋季多发的害虫具有良好的隔离作用，小白菜及其他绿叶蔬菜栽培中可以基本不用农药。对于土壤传染的病害，可以在夏季换茬时采用高温封棚消毒。在温室内还可采用黄板诱导和光诱导等物理方法防治害虫，取得较理想的防治效果[16]。此外，在有必要进行化学防治时，可以采用密闭空间条件下的对靶喷雾技术，与常规喷雾方法相比，可减少用药量[17,18]。

1.2.2　社会效益

我国是一个人均耕地资源严重短缺的国家，农产品生产的产量、质量和稳定性是农业的主要社会效益指标。多年的实践表明，温室栽培可以取得高产、稳产和优质的效果[19,20]。

（1）大幅度提高土地生产力，增加农产品产出。在温室栽培条件下，可以人为调节光、温、水、肥、气因子，使作物在较好的生态条件下生长，耕地产出可比露地成倍提高，使农业生产更好地满足社会对农产品的需求。温室栽培是高投入、高产出的技术集约和劳动力集约种植方式。

（2）提高农产品生产与供应的稳定性。大田农业生产受到气候所左右，稳定性较差，尤其是蔬菜的抗灾堵缺、储运能力弱，更是难以克服严冬和酷暑季节蔬菜短缺的矛盾。温室栽培不但在冬季可以通过加温实现反季节栽培，还可以在夏季通过降温措施进行越夏栽培，在南方地区可有效避免夏季的台风、暴雨及虫害对蔬菜和瓜果等作物造成的毁灭性灾害，对于周年稳定供应新鲜蔬菜、改善人民群众的生活质量具有积极作用。

（3）提高农产品的内在质量。温室栽培不但可以提高农产品外观质量，还可以采用防虫网覆盖栽培、有机基质栽培等技术生产无公害蔬菜、绿色食品蔬菜及有机食品蔬菜等，提高内在质量，对于保障人民群众的食物安全、提高健康水平具有积极的作用，应用前景广阔。

（4）提高劳动生产率和农业现代化水平。温室的自动化和机械化栽培，可以改善劳动条件，降低劳动强度，节约人力资源，提高劳动生产率。温室栽培需要劳动者掌握更多的知识，因此也有利于提高农业劳动者的素质。温室栽培在各种农业新技术的示范中具有独特的功效，对于体现我国的农业现代化水平及促进农业现代化具有积极作用。

1.2.3 经济效益

农业技术的经济可持续性并不是看它是高投入还是低投入,而在于能否取得较高的产投比和单位土地面积的净收入。设施栽培尽管投入高,但它可以通过以下几个主要方面显示出经济活力。首先,高产带来高效。温室大棚栽培,由于产量比露地大幅提高,所以即使在相同的价格下其产值也高。其次,反季节栽培带来高效。温室大棚可以采用反季节栽培或秋延后、春提早栽培,在蔬菜等农产品伏缺或冬缺条件下供应其单价也相对较高,因此土地的总收入比露地生产大幅提高。再者,优质带来高效。在温室大棚里可以采用防虫网等清洁生产技术,无公害产品的优质优价产生的效益往往也很可观,增加了温室大棚栽培的经济效益潜力。因此,在温室大棚的造价相对合理、管理有序的条件下,一般都能收到较高的产投比,扣除折旧成本后仍有很大盈余,被农民称为"绿色金库"。

综上所述,近年来我国温室农业生产蓬勃发展,对促进农业增产、农民增收、农村发展及城乡人民的生活水平提高起到了积极的作用。因此各级政府都把发展设施农业作为发展高效农业的重要内容而加以大力推广和促进。温室农业已成为解决我国人多地少的矛盾、实现农业可持续发展的一条长远而有效的途径。

1.3　温室农业生产中的问题

尽管温室农业取得了显著的成效,但是发展也是不平衡的。由于不合理的管理等因素,温室种植业经过 30 多年的实践,在生态可持续性和经济可持续性方面也出现了一些不可忽视的问题。主要表现在以下三个方面。

(1) 能量投入过高,人工辅助能利用率较低。温室生态经济系统的能量来源主要是太阳能和人工辅助能,与农田蔬菜生态系统相比,人工辅助能在温室能量来源中的比例要高得多。为了创造温室作物生长的适宜条件,需要投入大量的电能、机械能和燃料。但是,一方面,我国环境控制的研究总体上较落后,无论是环境控制的硬件系统还是环境控制的技术都还有很多方面亟待提高;另一方面,不少温室经营者对环境合理控制的知识相当贫乏,导致环境控制的能耗很高。据葛晓光等的研究,我国温室中的投能水平可以达到农田的 8 倍以上,而产量只有一般农田的 2～3 倍,能量的产投比比一般农田低[21-24]。因此,人工辅助能投入过大、能耗高,是温室生产中突出的问题之一。

(2) 肥料施用量过大,土壤生态问题严重。许多温室经营者为追求高产,不合理地加大施肥量,带来了严重的生态经济问题。首先,由于温室中用肥量大,再加上在覆盖物下不能得到雨水的冲淋,土壤内大量盐分随水分的蒸发向上运动,在土壤表层聚集,产生土壤的次生盐渍化,影响作物持续增产[25]。其次,过量施用肥料会导致肥料养分利用率低,不仅增加了生产成本,而且会加剧对环境的污染。再次,施肥过多还会影响温室作物的品质。氮素肥料是蔬菜中硝酸盐的主要来源,作物过量吸收硝酸盐可导致其在体内积累,最终造成产品硝酸盐含量过高[26]。此外,随着长期的同科作物连作,土壤的连作障碍产生,并且随着温室种植年限的增长,土壤生态问题也可能随之加剧[27]。

(3) 成本大幅提高,生产风险大。随着设施栽培向高档化发展,生产条件大大改善,同时成本也大幅提高。由于不少温室经营者不懂得如何经营温室,采用露地栽培中的大宗作物、常规品种和传统种植方式,产量不高,产品价格上不去,导致温室投资回收期明显变长,风险变大。如何改善系统的结构,增加收入、降低成本、提高温室生产者积极性,这些都是关系到温室产业能否可持续发展的大问题。

1.4　温室生态经济系统研究的意义

上述我国温室生产中所存在的三大问题,实质上是系统能量流动、物质流动和价值流动不合理所致。产生以上问题的原因,固然有技术研究和推广上的不足,但与我国在温室系统研究方面的严重滞后也密切相关。纵观我国对温室种植业生产研究可以发现,关于温室结构、环境调控、栽培管理、品种选育等装备和技术的研究很多,但将这些技术有机结合起来进行综合性研究较少,装备与技术之间的研究往往脱节。尤其是将温室作为一个系统,在研究作物生长与温室环境的关系、温室投入与产出的关系基础上,研究整体功能的发挥及其与温室结构之间的关系等方面还少有报道[28,29]。

从另外一个方面说,国内外在农业生态经济系统方面进行了大量的研究,对不同类型农业生态系统的能量流动、物质流动和价值流动等功能的研究,对农作物与环境之间的生态关系、农业生态系统结构的优化、农业生态系统的决策管理等研究都有较多的报道[23,30,33]。温室种植业是温室生态系统、温室经济系统和温室环境控制系统三个子系统所组成的一个复杂系统,可以说是一类特殊的农业生态经济系统,但是目前对这类系统仅有从工程角度或栽培角度出发的一些零星的分散的研究[34-46],而对其结构与功能的研究严重滞后,很少有从系统角度综合研究温室生态经济系统基本功能的改善及其结构的优化方面的报道。

因此,要进一步提高温室农业的生态经济效益,实现可持续发展,必须要从生态经济系统高度对温室农业进行研究。通过系统研究,掌握温室环境的变化规律,温室作物生长与环境之间的关系,比较不同温室类型和不同温室作物种植方式下的初级生产力,揭示温室生态经济系统能量流动、物质流动和价值流动的规律和特点,以及温室功能与其结构的关系,探索提高系统功能的结构改善途径,提出温室系统管理和决策的方法,为我国温室农业生产的科学管理、合理调控提供科学依据。

参 考 文 献

[1] 张桃林.中国农业机械化发展重大问题研究.北京:中国农业出版社,2009:12.

[2] 张福墁.强化科技创新大力提升我国设施园艺现代化水平.沈阳农业大学学报,2006,37(3):261-264.

[3] 2009-05-19 叶贞琴司长在全国设施蔬菜生产经验交流会上的总结讲话.http://www.agri.gov.cn/gdxw/t20090519_1275830.htm.2009-06-16.

[4] 陈青云.日光温室的实践与理论.上海交通大学学报(农业科学版),2008,26(5):343-350.

[5] 黄丹枫,葛体达.荷兰温室园艺对上海农业发展的借鉴.上海交通大学学报(农业科学版),2008,26(5):351-356.

[6] 谢永生,于文德.温室滴灌与常规灌溉的综合效益分析与评价.见:中国水利学会微灌工作组.第八届全国微灌大会论文集.酒泉.2009.491-496.

[7] 单军,唐丽,林万光.北京市设施农业节水现状与问题分析.节水灌溉,2009,9:27-29.

[8] 葛晓光,张恩平,张昕,等.长期施肥条件下菜田-蔬菜生态系统变化的研究(Ⅰ).土壤有机质的变化.园艺学报,2004a,31(1):34-38.

[9] 葛晓光,张恩平,高慧,等.长期施肥条件下菜田-蔬菜生态系统变化的研究(Ⅱ).土壤理化性质的变化.园艺学报,2004b,31(2):178-182.

[10] 葛晓光,高慧,张恩平,等.长期施肥条件下菜田-蔬菜生态系统变化的研究(Ⅲ)蔬菜产量与养分吸收量的变化.园艺学报,2004,31(4):456-460.

[11] 葛晓光,高慧,张恩平,等.长期施肥条件下菜田-蔬菜生态系统变化的研究(Ⅳ)蔬菜生态系统的变化.园艺学报,2004,31(5):598-602.

[12] 续勇波,郑毅,刘宏斌,等.设施栽培中生菜养分吸收和氮磷肥料利用率研究.云南农业大学学报,2003,18(3):221-227.

[13] Tagliavini M,Baldi E,Lucchi P,et al. Dynamics of nutrients uptake by strawberry plants (*Fragaria*×*Ananassa* Dutch.) grown in soil and soilless culture. European Journal Agronomy,2003,23(1):15-25.

[14] Zaller J G. Vermicompost as a substitute for peat in potting media:Effects on germination,biomass allocation,yields and fruit quality of three tomato varieties. Scientia Horticulturae,2007,112:191-199.

[15] 马云华,王秀峰,魏珉,等.黄瓜连作土壤酚酸类物质积累对土壤微生物和酶活性的影响.应用生态学报,2005,16(11):2149-2153.

[16] 刘明池,窦铁岭.蔬菜病虫害无公害栽培防治技术.中国植保导刊,2004(1):40-42.

[17] 汤伯敏,高崇义,林光武,等.日本常温烟雾机在华田间试验研究.中国农机化,2000(2):33-35.

[18] 陆军,李萍萍,贾卫东,等.温室轴流风送药雾靶标沉积试验.农业机械学报,2009,40(12):88-92.

［19］ 张真和,陈青云,高丽红,等.我国设施蔬菜产业发展对策研究(上).蔬菜,2010a,(5):1-3.

［20］ 张真和,陈青云,高丽红,等.我国设施蔬菜产业发展对策研究(下).蔬菜,2010b,(6):1-3.

［21］ Ozkan B,Fert C,Karadeniz C F. Energy and cost analysis for greenhouse and open-field production. Energy,2007,32:1500-1504.

［22］ Canakci M,Akinci I. Energy use pattern analyses of greenhouse vegetable production. Energy,2006,31:1243-1256.

［23］ Martin J F,Diemont S A W,Powell E,et al. Emergy evaluation of the performance and sustainability of three agricultural systems with different scales and management. Agriculture,Ecosystems and Environment,2006,115:128-140.

［24］ 葛晓光.我国设施蔬菜生产面临的挑战与对策——蔬菜产业结构的调整与技术创新.沈阳农业大学学报,2000,31(1):1-3.

［25］ 何文寿.设施农业中存在的土壤障碍及其对策研究进展.土壤,2004,36(3):235-242.

［26］ 高祖明,章满芬.氮磷钾对叶菜硝酸盐积累和硝酸还原酶、过氧化物酶活性的影响.园艺学报,1989,16(4):293-298.

［27］ 李文庆,张民,李海峰,等.大棚土壤硝酸盐状况研究.土壤学报,2002,39(2):283-287.

［28］ Li P P,Hu Y G,Wang T Z. Preliminary Establishment of Greenhouse Economics World Congress:Agriculture Engineering for a better World:VDI GmbH. Dü Seeldorf,2006.

［29］ 李萍萍,毛罕平,朱伟兴.现代温室种植业的系统分析和优化设计.农业系统科学与综合研究,2002,18(1):7、8.

［30］ Ozkan B,Akcaoz H,Fert C. Energy input-output analysis in Turkis agriculture. Renewable Energy,2004,29:39-51.

［31］ 王嘉,王植,琚慧媛,等.农业生态系统能量分析方法研究进展.沈阳大学学报,2007,19(2):78-81.

［32］ 王汉芳,海江波,季书琴,等.农业生态经济系统的价值流及价值链研究.西北农业学报,2005,4(4):194-197.

［33］ 陆宏芳,陈烈,林永标,等.基于能值的顺德市农业系统生态经济动态.农业工程学报,2005,21(12):20-24.

［34］ Chen G Q,Jiang M M,Chen B,et al. Emergy analysis of Chinese agriculture. Agriculture,Ecosystems and Environment,2006,115:161-173.

［35］ Hansson H,Öhlmér B. The effect of operational managerial practices on economic,technical and allocative efficiency at Swedish dairy farms. Livestock Science,2008,118(1-2):34-43.

［36］ Mohammadi A,Omid M. Economical analysis and relation between energy inputs and yield of greenhouse cucumber production in Iran. Applied Energy,2010,87(1):191-196.

［37］ Brumfield R. Greenhouse cost accounting computer program:Extension and teaching tool. Livestock Science,2008,118(1):34-43.

［38］ Ting K C,Dijkstra J,Fang W,et al. Engineering economy of controlled environment for greenhouse production. Transactions of the ASAE,2010,87(1):191-196.

[39] Lončarič R,Lončarič Z. The decision support system with economic analysis of field vege-table production. Acta Hort. ISHS,2004,655:497-502.

[40] 黄丹枫,牛庆良.现代化温室生产效益评析.沈阳农业大学学报,2000,31(1):18-22.

[41] 陈宝峰,贾敬敦,任金政.我国工厂化农业企业经济效益影响因素分析.农业工程学报,2003,19(6):260-263.

[42] 唐致宗,杨彩霞,赵怀勇,等.河西走廊日光温室蔬菜经济效益分析.中国蔬菜,2005,8:35、36.

[43] 郁樊敏.上海郊区二种设施栽培蔬菜的经济效益分析.中国蔬菜,2004,1:43-45.

[44] 高艳明.宁夏不同类型日光温室经济效益调查及分析研究.中国农村小康科技,2005,12:18-21.

[45] 赵财,黄高宝,邓忠.三种节水灌溉技术对日光温室黄瓜生产效率及经济效益的影响.甘肃农业大学学报,2006,1:52-55.

[46] 李冬生,李萍萍,王纪章.基于修正层次分析法的温室经济效益综合评价方法及应用研究.江苏农业科学,2009,6:447-450

第 2 章　温室生态经济系统的结构分析

　　系统是指由相互作用和相互依赖的若干组成部分相结合的具有特定功能的有机整体[1]。生态系统是在一定的空间内生物的成分和非生物的成分通过物质循环和能量流动互相作用、互相依存而构成一个生态学功能单位[2]，自然界凡是有生命体介入的系统，无论其空间大小都可以看成是生态系统。而生态经济系统则是由生态系统和经济系统相互交织、相互作用而成的自然与社会复合的复杂系统。农业系统是一类典型的生态经济系统。

　　温室作物生产是农业生产的一种特殊方式，所以它在结构上与农业生态经济系统有许多相同之处。但是由于它是在温室可控条件下进行的生产，除了一般农业生态经济系统有的作物生态子系统、经济管理子系统外，还必须有环境控制子系统，所以在结构上要复杂得多。本章对温室生态经济系统的结构组成以及其与农业生态经济系统的比较特征进行分析。

2.1　温室生态系统

　　温室生态系统包括生命系统和生态环境系统两个子系统。

2.1.1　温室中的生命系统

　　温室中的生命系统主要包括优势生物子系统、非优势生物子系统和土壤微生物子系统三个子系统。

1. 优势生物子系统

　　其主要成分为人工栽种的植物群体，是系统的主体成分。在设施栽培条件下，优势生物种类大体有以下几类。

　　（1）以价值较高的、市场需求量大而稳定的、相对耐运输和储藏的果菜类为主体。主要是番茄、辣椒、茄子等茄果类作物（又称三茄作物），及黄瓜、西瓜和甜瓜等瓜果类作物，大都是采用生育期较长的品种。在普通温室和塑料大棚中，一般从秋季开始育苗并用小苗过冬，早春进行定植，即"春提早"栽培。夏季高温时节作物腾茬后，或者复种一茬或多茬绿叶蔬菜，或者进行季节性的休闲并利用高温进行基质消毒或土壤晒垡;秋季再连作一茬"秋延后"果菜。在现代化温室中,有加温和降温等环境控制设施,可以采用温室专用的长周期品种,一般在秋前育苗,秋季定植,冬天寒冷季节果菜可以上市,一直收获到 8 月,一年一大茬。

(2)以生长期较短的叶菜类作物为主体。大多采用营养液水培或基质栽培,长年连续种植某一种特需蔬菜,如生菜、蕹菜、芽菜等。为了有效利用温室高大的空间,在栽培方式上除了常规的深水培(DFT)、营养液膜培(NFT)等平面无土栽培形式外,还发明了立柱式栽培,柱高可达 2m 以上,柱上一定的间隔有栽培孔,内填充栽培基质,实行营养液循环利用[3]。此外,还有刘继展等所创造的螺旋架式栽培方式等[4]。

(3)以各种花卉、观叶植物等观赏植物为主体。随着社会的发展和人民生活水平的提高,花卉的需求量越来越大,而且其经济价值比一般蔬菜高,所以近年来发展很快。有以鲜切花为主的,也有以盆花栽培为主的。由于蝴蝶兰、康乃馨、郁金香、一品红等名贵花卉及一些热带观叶植物对环境条件的要求比较高,所以一般只能在有环境控制设备的温室中进行。为了便于搬运及室内整洁,温室花卉多采用轻型基质栽培方式。

2. 非优势生物子系统

非优势生物子系统的主要成分为害虫、杂草等对优势植物有害的成分,以及一部分人工放入的对优势植物有用的天敌昆虫。与露地相比,温室蔬菜经常处于高温高湿环境下,容易滋生害虫,发生病虫害。温室的杂草因栽培方式不同,其种类和数量相差很大。一般而言,土壤栽培易生杂草,且种类和数量多;无土栽培几乎没有杂草。为抑制有害生物,温室也经常人工放入天敌昆虫进行生物防治,如放入赤眼蜂防治番茄棉铃虫、辣椒烟青虫等害虫,丽蚜小蜂防治温室白粉虱,金小蜂防治菜青虫等。一些温室为了番茄等的授粉,还人工放养雄蜂等昆虫[5]。

3. 土壤微生物子系统

土壤微生物主要包括土壤中的原生动物和微生物,在系统中起分解和还原物质的作用,同时也有致病的病原菌。据研究,我国温室土壤微生物中细菌最多,放线菌次之,真菌最少[6]。与露地相比,温室内地温较高,土壤水分含量较稳定,多数时间高于露地水分含量,故土壤中微生物活动全年都较露地旺盛,土壤养分分解、转化速度也要快于露地。不同栽培方式对土壤微生物活性有着很大影响,如无机基质栽培、营养液水培等无土栽培条件下,微生物的活动得到了最大限度抑制。

2.1.2　温室生态环境系统

温室生态环境系统主要可以分为小气候环境和土壤(基质)小环境两个子系统。

1. 温室小气候环境

温室小气候环境主要指温室内的温度、湿度、光照强度、CO_2 气体浓度等因子。由于温室是一个由覆盖材料围合起来的相对封闭的空间,温室内小气候条件既有别于室外,同时也受到温室外气象条件的影响。

温室具有保温效果,但是不同温室结构和不同天气条件下的保温效果不同。由于植物体蒸腾释放水汽,所以温室内的湿度比室外高,需要经常通风。温室由于有覆盖物,光照强度低于室外,覆盖物的材料及清洁度对光强有很大的影响。温室内的 CO_2 浓度的日变幅较大,白天作物光合作用吸收 CO_2,使室内的浓度低于室外,夜间由于呼吸作用释放 CO_2,室内浓度则高于室外。

2. 温室土壤(基质)小环境

由于温室栽培是在较封闭的条件下进行,所以作物地下部的土壤或基质小环境与露地农业之间有较大的差别。温室土壤水、肥、气、热小环境与露地土壤的差异表现为温度、湿度、CO_2 浓度以及养分含量都显著提高。尤其是在长期的温室栽培下,土壤养分与露地土壤产生很大差别。生产者在温室生产中普遍对肥料投入较高,而温室土壤又有覆盖物而得不到淋溶,使土壤的盐分逐年上升,导致许多地区都产生了设施土壤的次生盐渍化现象。基质栽培条件下,一般采用营养液灌溉技术,基质的水肥控制比较精确,能更好地满足作物生长的需要。

2.2　温室环境调控系统

2.2.1　温室的框架结构子系统

温室农业区别于露地农业的标志就是它有一定的物理结构即框架结构。目前的温室结构框架的类型有很多,分类方式也有多种。温室根据其结构不同可以分为温室和塑料大棚,单栋温室和连栋温室等;根据覆盖材料不同又可以分为塑料温室、玻璃温室和 PVC 板材温室等。在南方地区常见的是塑料大棚和塑料连栋温室[7]。

塑料大棚采用塑料薄膜作为覆盖材料,一般采用圆拱形结构,跨度为 5~8 m,

中间高 2.6~3 m,拱架材料有竹木、钢架或镀锌钢管,镀锌钢管大棚大多为装配式大棚。相比于温室,塑料大棚结构简单,建造方便,具有透光、保温、保湿、防雨等特点,生产上主要用于寒冷季节的蔬菜花卉育苗,并进行"春提前"和"秋延后"栽培。在高温季节,往往把下部的塑料围裙揭去增加通风,也可以把整个塑料薄膜都揭去代之以防虫网或遮阳网覆盖,进行蔬菜的越夏栽培[8]。

连栋温室是指几跨温室合成一体的具有立柱、天沟、天窗、侧窗、山墙等部分的大型温室。在结构上,玻璃连栋温室主要是双屋面"人"字形结构;塑料连栋温室主要为拱形或锯齿形结构,其中锯齿形温室的通风性能好,适合于南方夏季高温地区。塑料温室的覆盖形式多样,有单层覆盖,也有双层充气膜或双层不充气的结构。大部分的连栋温室都配备各种调控设施,具有较强的环境调节功能,能够实现作物的周年生产。连栋温室的土地利用率高,土地生产力也高,是现代化程度较高的温室类型。

在我国北方地区还有一类特殊结构的日光温室,其特点是东西山墙、北墙和后坡为具有保温功能的围护结构,南坡为薄膜覆盖,夜间在薄膜上加盖其他保温材料。一般跨度 5~8 m,高度 2.8~3.4 m,东西走向,坐北朝南。在 20 世纪七八十年代,日光温室的墙体材料主要是泥土,内部支撑材料为竹木,保温材料主要是草毡、秫秸等。近年建成的日光温室已发展成为后墙为砖砌墙加上保温层,中间后坡用混凝土预制板,骨架用钢筋焊合或镀锌管装配,发展了多种多样的保温幕,并且由机械传动。日光温室的保温性能好,在北方寒冷的冬季可以种植喜温蔬菜。但日光温室不适合南方冬季多雨寡日照的气候条件[9]。

2.2.2　温室环境调控子系统

不同的温室结构中所配置的环境调控设备不同。一般塑料大棚基本不配置环境调控的设施,只是通过覆盖或揭开覆盖材料进行保温或通风,极端温度下偶尔使用一些临时性的加温措施。普通温室无论是单栋还是连栋,一般都配有手动或自动卷膜设备,用于天窗和侧窗的启闭,部分配置冬季生产所需的加温设备。现代化程度较高的温室,则配置有较完善的温室环境自动控制系统,以实现温室内温度、湿度、光照、气体以及土壤水分和养分等环境条件的自动控制,也称为智能化温室[10,11]。

温室环境自动控制系统主要由以下几个部分所组成:①环境检测子系统,包括环境控制的各种传感器,如温湿度传感器、CO_2 浓度传感器、光照度传感器、pH 传感器、EC 传感器、水分传感器等;②信号处理及控制子系统,包括信号放大模块、A/D 转化模块、控制决策模块(计算机)、D/A 转化模块、数字显示模块等;③执行机构子系统,主要由天窗、侧窗、喷淋(或湿帘)、风机、加热设备等部分构成[12]。

　　由江苏大学毛罕平教授领衔、李萍萍参与研制的温室环境控制系统的硬件组成如图 2.1 所示[13]。

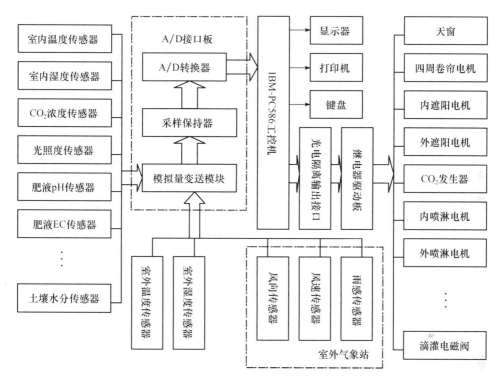

图 2.1　温室环境控制系统硬件组成

2.3　经济管理系统

　　与上述两个实物系统不同,经济管理系统是一个概念系统,但是它所涉及的因子较多,运作过程较复杂。主要可以分为以下几个子系统。

　　(1) 市场供需预测子系统。通过对历年的气象资料和现实的气候特点的分析,借助于作物生长模型等技术,预测作物生育期、产量和上市期;通过种植面积、消费习惯等调查分析并结合历史资料,预测不同时期产品的需求量、价格。

　　(2) 栽培管理子系统。分析不同栽培技术、不同环境控制方法所需要的物质和能量消耗、劳动力消耗量及成本,决策某个时段的栽培管理和环境控制策略,调控作物生态和环境控制系统。

　　(3) 成本核算与管理子系统。对温室作物销售收入、各种管理费用、销售费用、财务费用进行核算;进行成本效益分析,评价不同栽培技术与不同环境控制方法的财务状况与经营成果;进行成本动因与成本因素分析,总结节流开源的措施,为以后生产提出经验。

综上所述,温室生态经济系统是一个生态、技术和经济所构成的大系统,结构复杂。温室中作物生态子系统、环境调控子系统和经济管理子系统之间存在着有机联系,同时又各具有相对独立的系统特点。其中,经济效益是目标,为了达到这一目标,需要作物生态系统具有较高的土地生产力来创造经济价值;高生产力对环境控制系统提出一定的要求,但环境控制的指标除了考虑作物要求外,还需建立在经济管理系统的分析决策结果之上,而决策的根据则是环境控制系统付出的成本与作物生态系统所产生的值之比。所以三个系统之间形成了互为因果的偶联关系[14]。

2.4　温室生态经济系统与一般农业生态经济系统结构的联系与区别

由于农业生产是一个包括自然再生产和经济再生产的过程,因此农业生态经济系统是由农业生态系统和农业经济技术系统融合而成的复合系统。温室作物生产是农业生产的一部分,是农业生产的一种独特方式,因此温室生态经济系统属于农业生态经济系统中的一个特殊的子系统,两者有着许多共性,但又有一些个性差异。

2.4.1　温室生态经济系统与一般农业生态经济系统结构的共性

与一般生态系统相比,温室生态经济系统与农业生态经济系统的共性表现为以下三点。

(1) 系统的复合性。农业生产,无论是温室还是露地生产,都是自然再生产和经济再生产的结合体,因此,温室生态经济系统与农业生态经济系统都受生态规律和经济规律的约束。一方面,它们在生产过程中要依靠生物本身的生长发育来获取物质产品,受生物本身生命活动规律的制约;另一方面,它们又都是人类经济活动的一个组成部分,受到经济规律的制约。两类生态经济系统的生产力不仅取决于生物对能量的自然转化能力,也取决于科技手段的调节水平以及社会经济机制的限制。

(2) 系统的开放性。无论是农业生态系统还是温室生态系统,都与外界环境之间不断进行着能量和物质交换,都具有耗散结构的特征。系统通过与外界的物质和能量交换维持系统的运行,从种子到水肥再到机械、电力和人工等,都是向系统内输入的必要条件,通过外界负熵的输入来维持系统的有序结构。而系统的产品则全部移出系统外,大部分用于满足人类的物质生活需要,部分残体作为废弃物为微生物的生长提供能量。

(3) 系统的依赖性。温室生态经济系统与农业生态经济系统的优势生物种群都是经过人类驯化的品种,对适宜环境条件依赖性比野生植物要高,抗逆能力较弱;系统内生物种类很少,食物链结构变短,种群自我调节和保持生态平衡的反馈机制削弱,系统的自我稳定性下降。主要依靠人类对系统的调节活动来保持系统的结构和功能。

2.4.2　温室生态经济系统与一般农业生态经济系统结构的差异性

温室生态经济系统与一般农业生态经济系统相比,在结构和功能上又具有显著的差异性。

(1) 系统的环境条件不同。通过环境调控,温室生态经济系统为作物生长发育创造了更为稳定和适宜的环境条件,使环境资源更加高效地转化为人类所需要的农产品。人类通过建造具有覆盖材料的温室与大棚,并配备加温、降温、补光等设施,调节温室作物生长发育的光、热、水、气、营养等环境条件,使温室作物可以周年生长,提高了农业生产对光能资源的利用效率和抵抗气象灾害的能力。

(2) 系统的生物构成不同。与一般农业生态系统相比,温室生产的专业化特色更为明显,并且由于栽培的优势生物种类少,连作盛行。非优势生物受到更大的抑制和控制,如由于温室覆盖物的阻隔,昆虫不能进入,而在无土栽培条件下,微生物种类和数量也大大减少,食物链很简单。由于良好的环境条件,优势生物个体生长和种群增长得到强化。通过增加复种指数来提高周年土地生产力;或者通过筛选一年一熟的长周期作物品种,缩短营养生长阶段、延长果实生长阶段来提高产量。这种生物配置手段使温室作物同化资源的能力显著加强。

(3) 系统的开放程度不同。露地农业生产可以从自然界得到阳光、雨露和风霜等,在一定的条件下系统可以实现自我维持。而温室作物生长在一个相对封闭的空间内,雨水不能自动进入系统中,除了阳光可以透过覆盖材料进入室内外,作物生产所需要的全部物质和能量都要人为输入,因此系统对人工的依赖程度更高。加上现代育种技术和温室调控技术的发展,复种指数的提高,温室作物需要更多的人工辅助能和营养物质,其开放程度要高于农业生态经济系统。

(4) 系统的养分循环特点不同。虽然农业生态经济系统的养分输入率和输出率都比自然生态系统高得多,但是在温室栽培条件下,经营者投入的养分往往更高,而养分的产出效率则因经营状况不同而不同。一方面,影响温室生态经济系统养分循环的因素要比农业生态经济系统少,如温室不存在淋溶,营养液滴灌等技术可使作物根系充分吸收养分,因而养分利用效率高。但另一方面,由于没有淋溶作用,在连年过量施肥条件下,土壤次生盐渍化等生态问题也随之产生,不但影响作物根系的吸收,也造成肥料报酬的下降。

参 考 文 献

[1]　钱学森,许国志,王寿云.论系统工程(增订本).长沙:湖南科学技术出版社,1988.

[2]　沈满洪.生态经济学.北京:中国环境科学出版社,2008.

[3]　李止正,龚颂福.立柱和柱式无土栽培系统及其在生菜栽培上的应用.应用与环境生物学报,2002,8(2):142-147.

[4]　刘继展,李萍萍,蒋大林.可动式螺旋立体花架系统的设计.中国农机化,2003,(6):40-42.

[5]·　陈贵林.蔬菜温室建造与管理手册.北京:中国农业出版社,2000.

[6]　杜社妮.种植模式对日光温室黄瓜、番茄生长发育及土壤生物学特性的影响.西北农林科技大学硕士学位论文,2005.

[7]　李式军.设施园艺学.北京:中国农业出版社,2002.

[8]　张福墁.设施园艺学.北京:中国农业大学出版社,2001.

[9]　邹志荣.园艺设施学.北京:中国农业出版社,2002.

[10]　周长吉.现代温室工程.北京:化学工业出版社,2003.

[11]　蔡象元.现代蔬菜温室设施和管理.上海:上海科学技术出版社,2000.

[12]　毛罕平,李萍萍,谢明岗.植物工厂硬软件系统设计.农业工程学报,1997,12(A00):19-22.

[13]　毛罕平,李萍萍.工厂化蔬菜生产成套装备及自动控制系统的研究.农业机械学报,1996,27(S):111-114.

[14]　李萍萍,毛罕平,朱伟兴.现代温室种植业的系统分析和优化设计.农业系统科学与综合研究,2002,18(1):7、8.

第 3 章　温室内的小环境及其调控特点

温室系统是一个物质和能量与外界有着密切联系的开放型人工生态系统,但由于温室架构和覆盖物的分隔,又使其在空间上处于相对独立和封闭的环境中。所以温室内部的温度、湿度、光照和二氧化碳等气候环境因子有着与露地不同的、独特的运动变化规律。研究温室中的环境因子变化规律,可以为温室系统内作物生长的环境调控和管理提供科学依据。

李萍萍等自 1996 年起,连续六年先后进行了单栋玻璃温室、单栋塑料大棚和连栋塑料温室三种类型的温室小气候环境变化规律及特点研究[1-4]。本章根据试验结果对温室内的小环境主要特点进行一些分析。

3.1　温室内冬春季小气候环境变化特点

在三类温室中,尽管玻璃温室的保温性能略好于塑料温室,连栋塑料温室的空间比单栋塑料大棚大,但冬季各种环境因子的变化规律大体相同。因此,这里以塑料大棚中的试验结果来分析温室内冬季小气候环境的特点。

3.1.1　试验设计

试验在江苏大学农业工程研究院的镀锌钢管框架实验大棚内进行。大棚的总长度为 35m,宽度为 5m。大棚内栽培越冬番茄。

选择比较典型的晴天、阴天等不同天气条件,从早上 8 时到次日早上 8 时,每隔 1h 昼夜测定大棚内及室外的温度、湿度、光照强度和 CO_2 气体浓度的变化。环境因子的测定方法:将温度传感器分别挂在大棚的中间位置和室外通风处,传感器与工业控制计算机相连接,每隔 1h 计算机自动采集数据。

测定所用的传感器:温度和湿度用半导体式温湿度传感器,光照强度用 ZDS-10T 照度计,CO_2 浓度用 GHX-305B 型 CO_2 红外线分析仪。

3.1.2　温度的变化特点

温室大棚框架上覆盖的塑料薄膜允许波长大于 280 nm 的太阳辐射能透过,所以在太阳辐射较强的条件下,从早晨太阳出来以后,棚内热量不断积累,可使温度上升至很高水平,极端最高温可高于外界气温20℃以上。在阴雨天条件下,因为太阳辐射量小,所以大棚内能够蓄积的热量少,气温与外界差异不大,且变化幅度很小。一天中大棚内温度变化与室外气温变化趋势一致,即早晨5~6时出现最低温,从7时起温度缓慢上升,8~10时迅速上升,最高温度出现在12~14时,14时以后随着太阳辐射及外界气温的降低而迅速降温,18时起因为棚内外气温差异变小,降温速度变缓,午夜0时后温度下降更趋缓慢,直到早上日出前达到最低点。

　　图3.1为冬季晴天条件下大棚内外气温的昼夜变化曲线。从图中可见,晴天白天大棚的增温效果很好,在晴天条件下,从早上8时起棚内开始迅速增温,10时外界气温不足5℃,但棚内的温度已达到12℃。10时揭膜,但棚内温度仍升高很快。14时外界气温不足10℃时,大棚内的温度达到25℃,日最高温度比外界提高15℃多。但大棚内的夜间保温效果较差。太阳落山后,大棚内的温度会急剧下降,到午夜0时,棚内气温与外界气温差异很小,在凌晨4时还出现了短时逆温现象,室内温度比室外低1℃。另据测定,在某些极端条件下,棚内外的逆温最多可达2~3℃。出现逆温的原因可能是晴天强烈的地面辐射冷却使近地面的气温下降,外界气温可得到随着空气流动而带来的较上层热空气的补充,而大棚内受薄膜阻隔,无法接受外界的空气补充,所以导致棚内外的逆温现象产生。但对测定数据分析表明,出现逆温的概率占到晴天概率的1/3以下,风力过大或过小条件下,都不出现逆温。

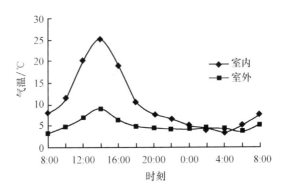

图 3.1　晴天大棚内外气温比较

　　图3.2为阴天条件下大棚内外气温的昼夜变化曲线。在阴雨天条件下,白天大棚内外的温差较小,保持在3~4℃。但阴雨天的夜间不会出现逆温现象,与白天一样,一直与外界保持3℃左右的温差。

　　由于温室的保温性能,在冬春季节有利于作物生长,而夏季高温往往会成为作物生长的主要限制因子。因此,当室内温度高于作物生长适宜温度时,要注意及时揭膜通风,以降低温度。在智能化温室中可以使用强制通风装置如湿帘风机等进行降温。

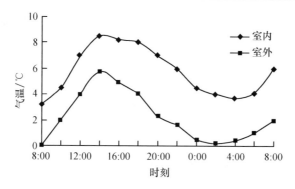

图 3.2　阴天大棚内外气温比较

3.1.3　湿度的变化特点

　　温室大棚在低温季节大部分时间都处于密闭状态,由于地面蒸发和作物蒸腾的水分不能外散,所以与露地相比,大棚内的湿度总是要高,而且常常会形成高湿环境。大棚湿度与室内外气温、室外大气湿度和光照强度直接有关。一天内,湿度与温度的变化呈相反趋势,温度越高则湿度越低,一般温度每提高 1℃,相对湿度要降低 3％～5％。

　　图 3.3 是晴天大棚内外相对湿度变化对比,总体而言,大棚内外的湿度变化趋势相近,但棚内湿度一直高于外界,在 11 时到 15 时的高温时段,两者相差更大,达到 20～25 个百分点。从早上开始,随着大棚中的温度提高,相对湿度逐步下降,在下午 13～14 时降到最低,下午 15 时又开始又逐步提高,到夜间达到最大。

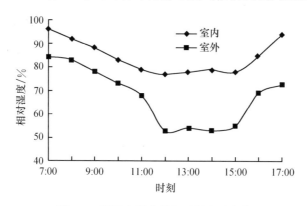

图 3.3　晴天大棚内外相对湿度日变化

　　阴天一天中相对湿度维持在较高水平,但因为一天中的温度变化小,所以湿度变化幅度也比晴天小(图 3.4)。在江南地区的梅雨季节里,连续的阴雨天使室外的相对湿度很高,大棚内相对湿度也常常维持在饱和或近饱和状态。

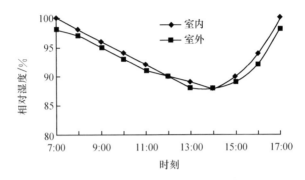

图 3.4　阴天大棚内外相对湿度日变化

　　对作物生长而言,温室内的湿度过大常常是主要矛盾,特别是在江南地区,因此需要经常性地通风换气。但是在春夏季节,有时候也会出现湿度过低的现象。据测定,在春季风力 5 级以上的晴天,外界的空气相对湿度可以低达 20%～30%,大棚内按照 10～12 时正常通风,相对湿度也会降低至 40%～50%。7～8 月仲夏季节,除了阴雨天外,室内午后的平均湿度一般也低于 60%,作物会发生光合作用午休现象。因此,必要的时候也需要通过使用灌溉、微喷和湿帘风机等技术进行加湿。

3.1.4　光照变化特点

　　温室大棚内的光照强度取决于外界的光照强度和大棚的透光率。外界的光强随季节、地理位置、天气等变化而变化;透光率与覆盖材料的种类及老化和受污程度、大棚结构形式等多种因素有关,新的塑料薄膜的透光率可以达到 80% 以上,而使用第二年的塑料薄膜的透光率为 50%～60%。不均匀性是大棚内光强的显著特点。

　　图 3.5 和图 3.6 分别是晴天和阴天所测定的棚内和棚外光照强度变化情况,从图中可以看出,无论是晴天还是阴天,塑料大棚的透光率平均为 65% 左右。其中,上午和下午太阳高度角小时透光率较低,为 50%～60%,而中午时分尽管棚内外光强的绝对值差异增大,但透光率则相对较高,透光率的测定结果为 70%～75%。

　　在冬春季节,室内的光照不足往往会成为作物生长的制约因素,可以通过揭膜乃至补光等措施来提高温室的光强。但是在晴朗的夏季,中午前后光照强度可达 5 万～6 万 lx,超过了一般叶菜类作物的光饱和点。因此可以通过使用遮阳网等措施,起到遮阳和降温的双重功效。

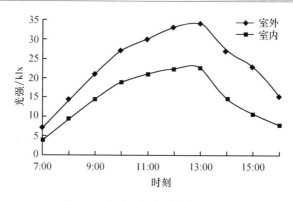

图 3.5　晴天大棚内外光强日变化

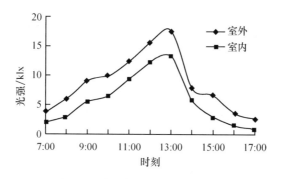

图 3.6　阴天大棚内外光强日变化

3.1.5　CO_2 浓度变化特点

CO_2 是作物光合作用的原料,所以 CO_2 浓度的高低直接影响作物的光合作用强度。同一地区大气的 CO_2 浓度一年内的不同季节及一天内的不同时段有差别,平均为 350 $\mu L/L$ 左右。而作物的 CO_2 饱和点一般为 1000~2000 $\mu L/L$,比大气浓度高出 3~5 倍。在 CO_2 饱和点以下,作物的光合作用强度随 CO_2 浓度的提高而增强。

一日内大棚中 CO_2 浓度变化特点是,早晨日出前由于夜间作物呼吸释放累积 CO_2,使其浓度较高;日出后 1~2 h,作物光合作用吸收大量 CO_2,大棚内 CO_2 浓度迅速下降到很低水平;傍晚又开始缓慢回升。图 3.7 是晴天条件下的大棚内外 CO_2 浓度变化对照。冬季大棚的密封性较好,夜间 CO_2 浓度达到 650 $\mu L/L$,则比外界高出近 300 $\mu L/L$,而白天 CO_2 浓度比外界低近 100 $\mu L/L$。另据测定,在不进行通风换气极端条件下,白天 CO_2 浓度会降到 100 $\mu L/L$ 以下的 CO_2 的补偿点左右,成为限制光合作用的一个重要因素。阴雨天由于作物光合作用较弱,则 CO_2

浓度的变化也较平缓。

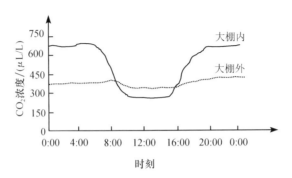

图 3.7　晴天大棚内外 CO_2 浓度日变化曲线（2000 年 12 月 24 日）

由于 CO_2 是光合作用的原料，浓度过低会严重影响作物的光合作用，因此，在晴天当温度许可时，要及时通风，从大气中补充 CO_2 到室内。必要时可以进行人工增施 CO_2 气体。

3.2　温室大棚内多重覆盖的温度效应

由于单层玻璃或塑料薄膜覆盖物的夜间保温性很有限，冬季不能满足喜温作物生长的需要。在现代化温室中，一般都采用锅炉热水管道加温或燃油炉热风加温的方式，但其能耗较高。所以采用多层覆盖已成为温室栽培中经常性和普遍性的一种节能保温措施。温室大棚内加设中棚，不影响作物牵引、搭架和农事操作。从经济上来说，由于有外棚作支撑，可以不考虑抗风和抗雪等指标，所以结构较简单、省材料、成本低廉；加盖小拱棚适合非牵引作物及需要牵引作物的苗期使用。为探讨多层覆盖的保温效果，在 1999 年和 2000 年冬季在江苏大学实验钢管塑料大棚内进行了两年的试验[1,2]。

3.2.1　试验设计

大棚的总长度为 35 m，宽度为 5 m，呈东西走向。其中西半边不盖中棚，东半边覆盖中棚，宽度为 4 m，肩高和顶高分别为 0.7 m 和 1.9 m，内设 3 条基质栽培槽，种植越冬番茄。设置了大棚、大棚＋中棚、大棚＋中棚＋小棚、大棚＋中棚＋小棚＋保温幕等处理，以室外气温作为对照。保温幕为 50 g/m² 的无纺布，每天下午 5 时覆盖，早晨 7 时揭去。

温度测定：采用 TM902C 数字式温度计人工测定温度。夜间每隔 2 h，白天（7 时揭去保温幕以后）每隔 1 h 测定外界及棚内各点的温度。

3.2.2　多重覆盖处理在不同天气条件下的夜间保温效应

由于两年间不同处理间的温度差异趋势基本一致,重复性较好,所以以下均采用 2000 年的试验数据进行分析。此外,由于单层大棚覆盖与室外的气温差异趋势与 3.1.2 中的基本一致,所以单层大棚覆盖处理的结果不再列出。多重覆盖不同处理在晴天、多云天和阴雨天条件下的从下午 17 时到上午 9 时的温度测定结果如图 3.8～图 3.10 所示。

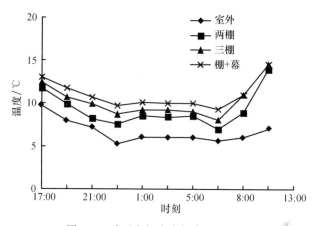

图 3.8　晴天夜间大中棚内温度变化

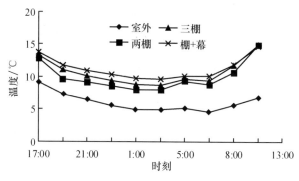

图 3.9　多云天夜间大中棚温度变化

根据图中所示,所有 4 个处理的温度变化曲线都是与大气温度的变化曲线一致的。总体而言,从下午 17 时起,随着露地气温的下降,棚内的温度也下降。其中 0 时以前的温度下降较快,0 时以后下降较慢,在早晨 7 时日出前有个小低谷。8 时以后,温度开始上升。无论是增加小棚、中棚或覆盖保温被,每增加一层覆盖,都具有累加的保温和增温效果,而且双棚覆盖后逆温效应彻底消除。但是,各种覆盖措施的保温效果并不完全等价。

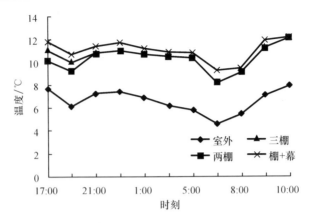

图 3.10　阴雨天夜间多重覆盖温度变化

　　将不同覆盖处理试验得到的数据进行汇总,得到不同天气条件下的多层覆盖中的单项夜间净增温效果,见表 3.1。从表中可以得到以下结果:①单层塑料大棚的保温效果很有限,只为 0.09～1.68℃。并且在晴天有微风的夜间,日出前会出现轻微的逆温现象,这与他人的研究结果相似。②多层覆盖后保温效果增加,不再出现逆温现象。从不同覆盖处理看,大棚内覆盖中棚,中棚单项的增温效果为 2.11℃;中棚内再覆盖小拱棚的增温效果平均为 1.11℃。保温幕覆盖的增温效果平均为 1.57℃。从上述 3 种多重覆盖处理来看,保温效果为覆盖中棚＞保温被＞小棚,差异幅度都在 0.5℃左右。③不同覆盖方式之间具有温度累加效应,夜间总的温度可以提高 5～6℃以上。从不同天气条件来看,尽管晴天单层大棚保温效果最差,且会出现逆温现象,但是晴天的多重保温累加效应最高,达到 6.26℃。

表 3.1　各处理中的单项覆盖夜间净增温效果　　　　（单位:℃）

	单层大棚	中棚	小棚	保温幕	累加效应
晴　天	0.09	2.46	1.98	1.73	6.26
多　云	0.30	2.54	0.80	1.53	5.17
阴　雨	1.68	1.34	0.54	1.44	5.00
平　均	0.69	2.11	1.11	1.57	—

　　温室大棚多层覆盖也只是被动保温措施,遇到 0℃以下的低温,喜温作物仍有受冻害的可能。

3.2.3　多重覆盖下的白天温度和光照效应

　　多重覆盖的白天增温效果也很显著。根据试验结果,晴天和多云天条件下,随着太阳高度角升高,外界气温升高,各处理棚内的温度升高非常快。到上午 10 时外界气温仅为 10℃ 左右时,大棚内各处理的温度已达 16℃ 以上,而中棚内各处理的温度则达到 20℃ 以上,其中以大棚加中棚两层覆盖的温度上升最快。

但是白天多层覆盖会影响到光照强度。采用光合作用有效辐射仪测定,单层大棚内的光照度平均为自然光照度的 74.7%,中棚和小棚虽受灰尘污染少、塑料薄膜透光率达 78% 左右,但中棚和小棚多重覆盖后棚内平均光照度分别只有自然光照度的 58.5% 和 45.9%,当上午湿度高、水汽大时光强更低。为防止光照不足和湿度过高,白天当温度上升到一定的程度时,要及时揭膜。特别是遇到连续阴雨天,当天光强上升为主要矛盾时,不能依靠多层覆盖来保温,而必须要有主动加温的措施相配合。

此外,李萍萍等同时进行了对土壤和基质温度的测定,表明多层覆盖后土壤和基质温度也相应提高,特别是加上基质表层覆盖地膜后,可使基质温度升高 3℃ 左右,对于营造喜温作物的越冬环境非常有利。

3.3　夏季温室小环境及调控的特点

我国南方地区在 6~8 月夏季里的气候特点是温度高、光照强。其中,6~7 月遇梅雨季节湿度大,而 8 月则湿度较小。在有覆盖物的条件下,由于温室效应,即使温室整天都处于通风状态,室内的气温仍高于室外。过高的温度使得作物无法正常生长,因此,在现代化温室中必须配有环境自动控制系统,以保证温室周年正常运行。另外,为了提高普通塑料大棚的周年利用效率,李萍萍等设计了采用遮阳网覆盖加微喷的降温措施,使夏季温室大棚能在绿叶类蔬菜生产中发挥作用。

3.3.1　温室环境自控系统的夏季温湿度控制特点

1. 降温控制特点

毛罕平、李萍萍等所设计的温度控制系统[5,6]由温度传感器检测温室内温度,并与计算机设定值比较,决定是否启动降温系统。根据室外气象和室内温度,决定降温措施和控制装置启动。降温控制等级从低到高是:天窗、侧窗的开启,通风降温→强制通风换气降温→遮阳网张开(晴天遮阳网张开优先于强制通风)→湿帘风机降温。温度控制中的关键技术是湿帘风机降温技术。在温室北面墙上安装蜂窝状纸质湿帘,在南面墙上安装排风扇。其降温原理为:湿帘循环水由泵压至湿帘上部,经雾化自上而下流经湿帘,在轴流风机作用下,室外热空气经湿帘进入室内,热空气与湿帘中的雾化水直接接触,实现热湿交换,使进入室内的空气含湿量增加,温度降低(等焓加湿过程),空气吸取室内余热后从轴流风机处被排出室外。

降温效果:在仲夏季节,室外气温达 36～37℃时,温室内温度可达近 40℃,太阳光直射下的叶面温度则更高。使用遮阳网后,由于太阳辐射的降低而使太阳直射处的叶面温度大大降低,但测得的气温仅降低 2℃左右,不能达到作物生长的适宜温度。用轴流风机强制通风,温度仅能降到与室外相同水平。使用湿帘与轴流风机系统,比单独使用轴流风机的效果明显改善。由于湿帘风机系统是由于自由水面的水蒸气分压力比未饱和空气的水蒸气分压力高,便产生叶面水分的蒸发,水分从液体变成汽并吸收大量的显热,导致湿空气的温度下降。因此,空气湿度越低,即干球温度与湿球温度相差越大,则降温效果越明显。理论上它可以一直降低到与湿球温度相同的水平。而实际测定结果,在晴热的夏天,使用湿帘风机系统后,室内温度能降到 33～34℃,尚不能降到湿球温度的水平。遮阳网与湿帘风机降温系统同时使用,则可使气温和叶面温度都降到 32～33℃,能够满足耐热作物的生长需要[7]。

2. 湿度控制特点

控湿系统设计:湿度控制系统首先由湿度传感器检测温室内的湿度状况。降低室内湿度的方法是:第一步,开启天窗进行自然通风;第二步,用轴流风机强制通风换气。夏季室内湿度过低时,由湿帘风机加湿装置来增加湿度。

增湿效果:根据对连续两年 8 月的温湿度记载,除了阴雨天以外,室内午后的平均湿度一般为 60%左右,对作物生长而言,湿度过小,蒸腾强烈,发生光合作用午休现象。在使用湿帘降温系统时空气湿度会不断增加,一般增加到 78%～85%,这一湿度对作物生长是很合适的。由于晴天湿帘降温不能降到湿球温度的水平,所以湿度也不会过大[8]。在梅雨季节或阴雨天,大气本身的湿度很大,使用湿帘降温系统后尽管不能降低湿度,但也不会使湿度明显增加。与雾化降温、喷淋降温等方法相比,湿帘降温对大气湿度增加的幅度要小些。

除湿效果:梅雨季节里,温室内的高湿度是夏季温室环境的主要矛盾。开启天窗自然通风后,由于天窗开启的面积有限,室内的湿度一般仍高于室外;采用轴流风机强制通风后,可以使湿度降到与室外相同的水平,并且强制通风造成的气流流动,可以降低病害发生的概率。

3.3.2　塑料大棚夏季环境控制特点

塑料大棚的夏季生产一般是将下部的塑料裙围揭去,作为防雨棚进行蔬菜栽培,其棚内也往往温度过高而使作物生长不良。夏季将塑料大棚上的塑料薄膜取下后变成露地种植也是生产上经常出现的现象。但温度高,光照强,病虫害多,不利于作物生长,土地生产力很低。为了发挥大棚在夏季蔬菜生产上的作用,对采用遮阳网覆盖加微喷的降温效果进行了试验研究。

1. 遮阳网覆盖对棚内温度和湿度的影响

图 3.11、图 3.12 是不同天气下对棚内气温和相对湿度的测定结果。从图 3.11中来看,在晴天条件下,覆盖遮阳网后,从上午 9 时到下午 15 时的主要时间段内气温下降 1～3℃,平均下降 2.3℃。同时,空气的相对湿度提高,平均提高幅度为 8%。所以遮阳网覆盖后的温度和湿度条件都比较适合作物生长。从图 3.12 阴天的测定结果来看,覆盖遮阳网后的温度下降幅度仅为 0.5～1℃,平均为 0.7℃。与此相应,空气相对湿度增加也不多,平均仅为 1%。由于阴雨天棚内的光强不足,所以一般不宜使用遮阳网。(注:为了防止遮阳网下的光强过低,本试验中采用了遮光率 45% 的银灰色遮阳网。)

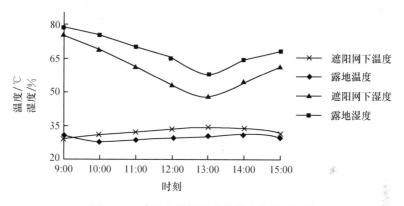

图 3.11　晴天遮阳网覆盖的降温和增湿效果

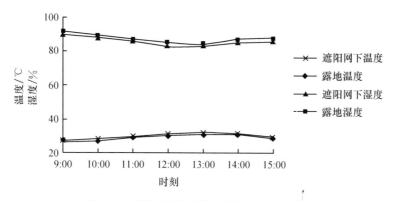

图 3.12　阴天遮阳网覆盖的温度和湿度效应

2. 微喷对防虫网内温度和湿度的影响

在大棚框架的中部最高处,安装一组微喷淋系统,在种植叶菜类作物时使用,既供应水分、降低蒸发,又可降低气温和叶面温度,在夏天高温强光和低湿条件下使用效果尤其好。由于微喷系统是由于自由水面的水蒸气分压力比未饱和空气的水蒸气分压力高,便产生叶面水分的蒸发,水分从液体变成汽并吸收大量的显热,导致湿空气的温度下降。因此,空气湿度越低,即干球温度与湿球温度相差越大,则降温效果越明显。在晴热的夏天,气温在 36～37℃ 时,使用微喷系统后,室内温度能降到 33～34℃,但尚不能降到与湿球温度相等的理论值水平。遮阳网与微喷系统同时使用,则可使气温和叶面温度都降到 32～33℃,能满足空心菜、生菜等主要作物的生长需要。

从表 3.2 的测定结果可以看到,虽然在 30 min 内,随着微喷时间的增加,棚内气温在不断下降,但实际上,温度下降比较快的是在前 12 min,12 min 以后的温度下降非常缓慢。同时,对作物生长的观察表明,使用微喷的次数过多,或每次使用时间过长时,作物会出现叶片形状变厚、叶色发暗等生长异常现象,而且造成湿度过大,易诱发病害。所以微喷在晴天一天中以 3 次或 4 次、每次不超过 10 min 为宜。微喷的时间主要在上午 10 时到下午 15 时,下午 16 时以后不宜再喷,以免造成整个夜间的空气湿度过高。

表 3.2　微喷不同时间后棚内温度的变化

喷淋时间/min	0	3	6	9	12	15	18	21	24	30
温度/℃	36.9	36.0	35.2	34.6	34.2	34.0	33.9	33.8	33.8	33.7

参 考 文 献

[1] 李萍萍,胡永光,徐晓东.塑料大棚覆盖条件下冬春季温度变化规律研究.江苏理工大学学报,2000,21(6):31-34.

[2] 李萍萍,胡永光.塑料大棚多层覆盖及电热加温的冬季增温效应.农业工程学报,2002,18(2):76-79.

[3] 李萍萍.温室环境因子控制技术及蔬菜周年无土栽培技术研究.江苏理工大学博士后出站报告,1998.

[4] 胡永光.温室蔬菜生长气候环境参数优化及模拟模型的研究.江苏大学硕士学位论文,2001.

[5] 毛罕平,李萍萍,谢明岗.植物工厂硬软件系统设计.农业工程学报,1997,12(A00):19-22.

[6] 李萍萍,毛罕平.温室小气候要素的计算机自动控制效果分析.中国农业气象,1998,19(6):19、20.

[7] 李萍萍,毛罕平.蔬菜工厂化生产中夏秋季环境因子合理调控.农业机械学报,1997,28(2):80-84.

[8] 李萍萍,毛罕平,王多辉,等.智能温室环境控制系统的技术效果及合理参数研究.农业工程学报,1998,14(3):197-201.

第4章　温室主要蔬菜作物光合作用
对环境的响应

蔬菜作物的生长发育和产量受到光照、温度、湿度、CO_2浓度等气候环境因子的影响。探讨温室蔬菜生长与环境之间的关系,是温室环境优化调控最重要的科学依据。由于作物生长的指标有很多,特别是果菜类作物其营养生长与生殖生长所要求的环境条件也有差异,因此选取合适的作物生长衡量指标是优化调控的关键。李萍萍等认为,无论何种作物,无论是营养生长还是生殖生长阶段,作物的产量形成都是光合作用产物积累的结果,因此选取光合作用作为指标是最科学的。在 1997～2007 年的十余年期间,以叶菜类作物生菜[1-4]、瓜菜类作物黄瓜[5-7]和茄果类作物番茄[8]三种温室常见的蔬菜作物为对象,对不同季节、不同环境因子组合下的作物光合作用日变化规律进行了深入的试验研究,并建立了一系列光合作用与环境之间相互关系的数学模型。

4.1　生菜的光合作用对环境的响应

4.1.1　不同环境下生菜光合作用日变化规律

生菜,又名叶用莴苣,有结球型、半结球型和不结球型等多种类型。在 20 世纪 80 年代还是一种特种蔬菜,目前已是温室中常见的一种叶菜。

本研究选用了意大利全年耐热耐抽薹生菜为供试材料,该品种属于松散结球类型。采用营养液膜方法栽培在玻璃温室中,进行分期播种,在春夏秋冬季不同的温光条件下各播种一茬。

各茬生菜在 15～20 片叶龄大小时,选择不同的天气条件,进行不同光温条件对单株的光合作用影响的试验测定。每次都抽取 2 株大小相近的样株重复测定。光合作用的测定用自制的光合作用同化箱结合定制的 GXH-305B 型 CO_2 红外分析仪,以单株为单位进行测定。

1. 夏季高温下的生菜光合作用日变化规律

在 6 月上中旬的高温条件下,对生菜的光合作用日变化进行了连续测定。结果表明,在不同的天气条件下,由于光照、温度和湿度条件不同,光合作用的日变化曲线也呈现出很大的差异。

　　图 4.1(a)是晴天的测定结果。晴天辐射强、温度高,上午 9 时光通量密度 (PPFD)达到了 800 $\mu mol/(m^2 \cdot s)$,温度接近 30℃,因此光合作用速率在 9 时即

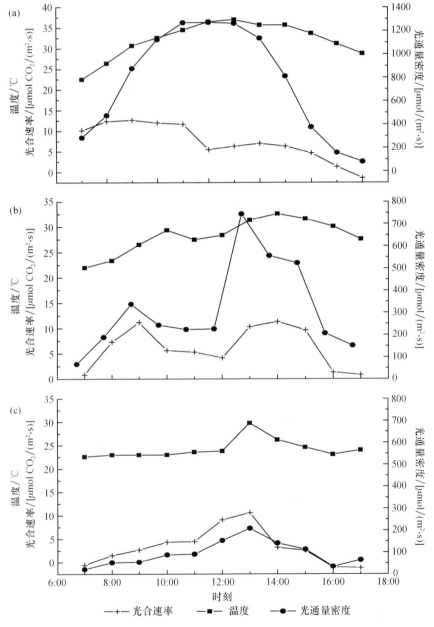

图 4.1　生菜夏季光合作用日变化

(a) 6 月 3 日(晴天);(b) 6 月 4 日(多云);(c) 6 月 7 日(阴雨)

已达到了顶峰。10 时以后,温度和光通量密度分别超过 32℃ 和 1100 $\mu mol/$ $(m^2 \cdot s)$,光合速率有所降低,至 12 时形成一个低谷。13 时起,又开始回升,至 14 时又形成了第二个峰值,此后缓慢下降,这样就形成了典型的双峰曲线,即发生了光合作用午休现象。由于晴天的光温条件总体而言比较好,光合作用强,白天的光合产物净积累达到 0.356 $mol\ CO_2/m^2$。其中上午 12 时及以前的光合产物积累达到全天的 70%,峰值也达到 13 $\mu mol\ CO_2/(m^2 \cdot s)$,而下午的峰值仅有 8 $\mu mol\ CO_2/(m^2 \cdot s)$。

图 4.1(b) 是多云天气下测定的结果。与图 4.1(a) 相比,环境条件的最大变化就是光照强度下降很多,一天中最大的光通量密度不足 800 $\mu mol/(m^2 \cdot s)$,日最高温度也相应降低。在光照强度低的条件下,光合作用的日变化曲线形状与光强变化曲线基本一致,光合作用速率随着光照强度的升降而升降。上午 12 时以前,光强大多在 240 $\mu mol/(m^2 \cdot s)$ 以下,只有 9 时超过 300 $\mu mol/(m^2 \cdot s)$,所以 9 时形成一个峰值。下午 13 时,光强陡升到 744 $\mu mol/(m^2 \cdot s)$,光合作用也随之加快,直到 15 时都在较高的水平上,峰值比上午略提高。但全天光合产物的积累只有晴天的 3/4。

图 4.1(c) 是阴雨天的光合作用变化。在阴天,由于缺少光照,温度较低且变化平缓,始终为 22～26℃,只是在 13 时由于光强的升高而有个小峰值。测定日的光强大部分时间里在 100 $\mu mol/(m^2 \cdot s)$ 以下,下午 13 时出现最高值也仅为 208 $\mu mol/(m^2 \cdot s)$,光强不足成为主要限制因子。光合速率出现随着光强的升降而同步升降的趋势。由于光强呈单峰曲线,所以光合作用日变化也呈单峰曲线,最高峰值仅为不足 10 $\mu mol\ CO_2/(m^2 \cdot s)$。全天的光合作用产物积累很低,不足晴天的 1/2。

2. 春秋季适温下的生菜光合作用日变化规律

与夏季相比,春秋季节的温度较适宜,光强较柔和,适合于生菜的生长。本试验选择了秋季的 9 月下旬至 10 月上旬,这一季节晴天最大光强为 880 $\mu mol/(m^2 \cdot s)$,最高气温在 30℃ 以下。

图 4.2(a) 是晴天的光合作用测定结果。当上午 8 时光强达到 350 $\mu mol/(m^2 \cdot s)$ 以上时,光合速率迅速升高到 10 $\mu mol\ CO_2/(m^2 \cdot s)$ 以上,此后,随着光强进一步上升,光合速率略有提高。到 12 时,尽管光强达到 880 $\mu mol/(m^2 \cdot s)$ 的最高点,但光合速率下降,在 13 时出现低谷,而在 14 时又出现一个峰值。因此秋季的晴天与夏季相似,光合作用也呈现双峰曲线,亦即在最高温度 30℃ 条件下,仍然发生光合作用午休现象。全天光合产物积累达到 0.356 $mol\ CO_2/m^2$,与夏季晴天相等,其中上午占 67%。

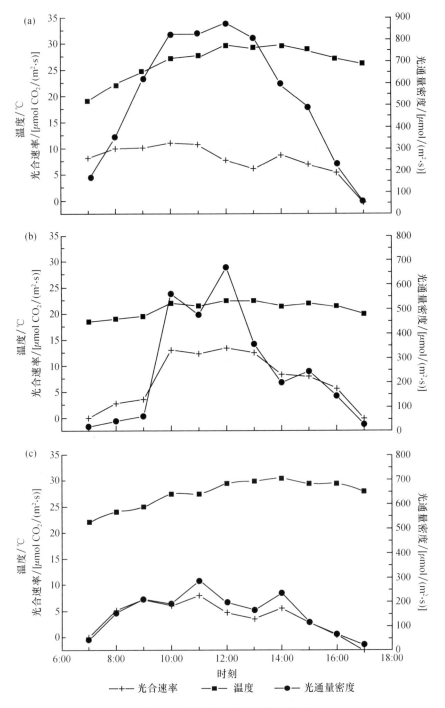

图 4.2　生菜秋季光合作用日变化

（a）9 月 25 日（晴天）；（b）10 月 5 日（多云）；（c）9 月 27 日（阴天）

图 4.2(b)为多云天气条件下的光合作用测定结果。从图中可以看出,光合强度基本上是随着光强的变化而变化。9 时前,光强低于 100 $\mu mol/(m^2 \cdot s)$,光合速率仅为 4 $\mu mol\ CO_2/(m^2 \cdot s)$以下。10 时,光强跃升到 500 $\mu mol/(m^2 \cdot s)$以上,光合速率迅速提高到 13 $\mu mol\ CO_2/(m^2 \cdot s)$。在 10～13 时,光强为 350～660 $\mu mol/(m^2 \cdot s)$,温度为 20～25℃,光合作用一直维持在较高的水平上。直至 14 时以后,光合强度随着光强下降也下降,基本上是单峰曲线。由于中午前后光照较强,所以全天光合产物积累也较多,为晴天的 90%。

阴天低光强下的光合作用日变化曲线示于图 4.2(c)。由于光强低,所以光合作用强度随着光强的升降而呈规律性的变化。在测定日里,9 时、11 时和 14 时出现光照强度的 3 个峰值,因此光合作用也同步出现 3 个峰值。但受到光强的限制,峰值都较低,全天的光合产物也只有晴天的 1/2。

3. 冬季低温下的生菜光合作用日变化规律

冬季的主要气候条件特征为气温低,光照也不如夏秋季高。在 12 月上中旬测定了冬季茬生菜的光合作用。

图 4.3(a)是晴天的测定数据。上午 9 时,当气温上升到 10℃,光强达到 240 $\mu mol/(m^2 \cdot s)$时,光合速率迅速上升到 6.8 $\mu mol\ CO_2/(m^2 \cdot s)$,10 时和 11 时,温度分别为 12℃和 14℃,光强分别为 380 $\mu mol/(m^2 \cdot s)$和 540 $\mu mol/(m^2 \cdot s)$,光合速率达到 8.0～8.4 $\mu mol\ CO_2/(m^2 \cdot s)$的高峰。12 时之后,光合作用的强度开始下降。14 时以后,光合作用随着光强的下降而进一步下降。光合作用呈现单峰曲线。尽管全天的光照条件较适宜,但由于温度低,光合作用产物积累只有夏秋季晴天的 60% 左右,其中上午的光合产物积累占全天的 60.9%。

在阴到多云的天气条件下,光合作用强度除受到温度的影响外,还受到光强的制约,光合作用日变化的曲线形状与光强日变化曲线形状很相似。如图 4.3(b)所示,9 时以前,光强和温度都低,光合速率也低。10 时以后,随着光强上升到接近 300 $\mu mol/(m^2 \cdot s)$,温度上升到13℃,光合速率提高到 7 $\mu mol\ CO_2/(m^2 \cdot s)$以上。12 时光强出现 349 $\mu mol/(m^2 \cdot s)$的峰值时,光合作用速率也出现 7.4 $\mu mol\ CO_2/(m^2 \cdot s)$的峰值,以后又随着光强的下降而下降。

图 4.3(c)是一个特殊的雾转晴天的条件下测定的结果。11 时以前,由于光强很低,温度也低,光合作用速率一直在 4 $\mu mol\ CO_2/(m^2 \cdot s)$以下。12 时雾散转晴,光强陡升到 660 $\mu mol/(m^2 \cdot s)$以上,温度随之提高,光合作用速率也迅速提高到 7.8 $\mu mol\ CO_2/(m^2 \cdot s)$。12～14 时,光合速率基本保持一个定值。直到 15 时以后,光强下降,光合速率也随之下降。光合作用的峰值由晴天的 10～11 时推迟到 12～14 时。

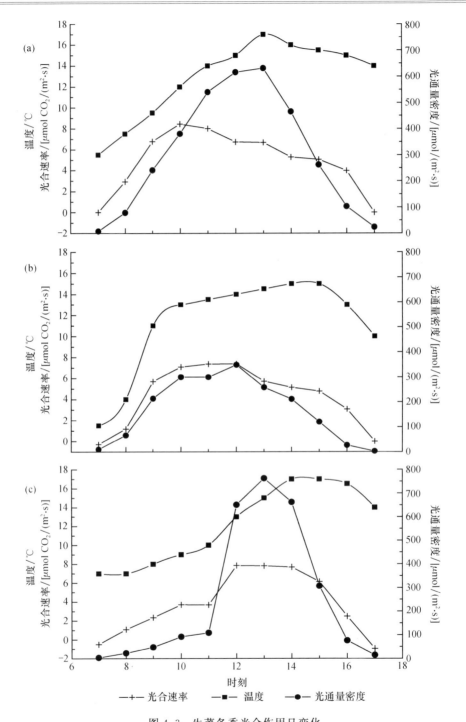

图 4.3　生菜冬季光合作用日变化

(a) 12 月 15 日 (晴天); (b) 12 月 1 日 (阴到多云); (c) 12 月 2 日 (雾转多云)

4. 生菜光合作用日变化规律与光温条件的关系讨论

在夏、秋季高温高光强条件下,生菜的光合作用上午较强,在 9～10 时有一个峰值,且越是温度高、光照强,光合作用的峰值就越早出现。中午 12～13 时出现一个低谷,14 时许出现一个小峰值。所以光合作用的日变化呈双峰曲线,即光合作用有午休现象。据前人研究,出现午休的主要原因是温度高、湿度低,导致蒸腾强烈[9,10]。本试验中测得凡是出现午休的时间,温度都在 30℃ 以上,光强在 800 $\mu mol/(m^2 \cdot s)$ 以上,但湿度只有 44%～52%,这与前人的研究结果基本一致。但是在冬季温度较低的条件下,即使光照强,湿度低,也不出现午休现象。如 12 月 15 日所测的 12 时和 13 时湿度都只有 52%,但并未出现低谷,光合作用呈单峰曲线。在光照较弱的天气里,光合作用的日变化曲线基本上同光强变化曲线一致,不是简单地呈单峰或双峰曲线。

本试验是以整个植株为对象进行光合速率的测定,植株处于自然状态下,各部位受光强度不一,尤其是下层叶片因遮阴而受光量少,所以测得的晴天光合速率峰值大多为 10～13 $\mu mol\ CO_2/(m^2 \cdot s)$,比单叶的研究结果要低,且峰值的大小受植物生长阶段的影响[10]。据试验数据整理得到回归方程式,经计算得到光温的最优组合为:温度 $T = 25.1℃$,光照强度 $L = 594\ \mu mol/(m^2 \cdot s)$,此时的 Pn_{max} 为 14.9 $\mu mol\ CO_2/(m^2 \cdot s)$;在温度为 20～30℃,光强为 380～700 $\mu mol/(m^2 \cdot s)$,光合速率值均超过 10 $\mu mol\ CO_2/(m^2 \cdot s)$,这与实际吻合,说明这一范围是意大利耐热生菜光合作用的适宜条件。当光强超过 1000 $\mu mol/(m^2 \cdot s)$,温度超过 32℃ 时,光合作用反而下降,这与李萍萍等以往研究中得出的意大利耐热生菜品种在夏季高温下较其他生菜品种生长表现良好[11]及 32℃ 为其适宜生长温度上限的结果[12]一致。冬季 15℃ 左右的温度下,即使光强达到 600 $\mu mol/(m^2 \cdot s)$ 以上,光合速率也只有 8 $\mu mol\ CO_2/(m^2 \cdot s)$ 左右,与夏秋季 22～25℃ 适温条件下,光强 200 $\mu mol/(m^2 \cdot s)$ 左右时的光合速率基本相同,表明只满足温度或光照一个条件,光合速率难以提高。

4.1.2　光、温和 CO_2 气体综合因子对生菜光合作用影响的数学模型

CO_2 是植物光合作用的原料。在国外 20 世纪 70 年代起就有人进行了在温室、人工气候箱等封闭或半封闭的环境条件下,提高 CO_2 浓度对促进植物生长的研究。90 年代起,随着我国设施农业的发展及对全球大气 CO_2 浓度上升问题的关注,我国科技人员也进行了不少类似的研究[13-20]。但以往的研究以揭示 CO_2 浓度提高对于促进光合作用的机理方面为主,而综合考虑光照和温度等生态因子与 CO_2 浓度之间的互作效应,研究它们与光合作用之间的量化关系并不多见。

　　以意大利全年耐热耐抽薹生菜为供试材料,采用玻璃温室中营养液膜方法栽培,在春夏秋冬季不同的温光条件下进行增施 CO_2 浓度的试验。

　　增施 CO_2 气肥采取吹气的方法。由于生产上 CO_2 气肥的增施时间主要是在上午,所以试验测定时间在上午 8~10 时。测定时对着同化箱吹气,使 CO_2 浓度达到试验设定值,待箱内浓度基本平衡后,每分钟记录一次同化箱内的 CO_2 浓度变化,直到自然下降到大气浓度或补偿点浓度。可光合叶面积不包括尚未长成的心叶。

　　CO_2 饱和点和补偿点的测定方法:饱和点测定时,向同化箱中吹气,使 CO_2 浓度提高到 2000 μL/L 左右,然后每隔 30 s 记录 CO_2 浓度变化,计算后得到不同 CO_2 浓度下的光合速率,取光合速率最高时段的 CO_2 浓度(下限)作为饱和点。补偿点测定时,先将同化箱内的 CO_2 浓度设定在大气 CO_2 浓度,每隔 30 s 记录 CO_2 浓度变化,直到同化箱内的 CO_2 浓度保持定值,不再下降,此时的 CO_2 浓度定为补偿点浓度。

1. 低温条件下光合作用与 CO_2 浓度和光照关系的数学模型

　　生菜是喜凉的作物,生物学下限温度为 0℃。本试验结果表明,在 0℃ 时光合作用不进行,1~5℃ 时,实测表观光合作用速率非常低且增长缓慢。所以本试验冬季低温增施 CO_2 气肥试验主要在 6~10℃ 条件下进行,光照强度都在 350 μmol/(m²·s) 以下。在 320 μL/L 的大气 CO_2 浓度下,即使在适合的光强条件下,测得的净光合速率(Pn)只有 10 μmol CO_2/(m²·s)。随着 CO_2 浓度不断上升到 1200 μL/L,光合速率也不断提高。光照强度对增施 CO_2 气肥的效果具有很大的影响,随着光强的上升,增施 CO_2 的效果提高。

　　根据两年所得 45 组试验资料,用回归模型进行拟合。考虑到温度的变幅很小,在此不作为一个变量,这样,得到生菜的光合作用(Pn)与 CO_2 浓度(C)和光照强度(L)之间的二元二次数学模型:

$$Pn = -3.74 + 0.0957L + 0.688C - 2.258 \times 10^{-3}L^2 - 0.057C^2 + 3.543 \times 10^{-3}LC$$

$$(4.1)$$

$$[6℃ \geqslant t \geqslant 10℃, L < 350 \ \mu mol/(m^2 \cdot s)] \quad R = 0.9620^{**}$$

式中,C 为 CO_2 浓度值(μL/L)除以 100。F 值检验表明,无论是一次项、二次项还是互作项,F 值均达到极显著的水平。该方程的生物学意义很清晰:①一次项为正数,且系数较大,而二次项为负数且系数较小,表明在一定的范围内,随着光强和 CO_2 浓度的上升,Pn 也提高,但超过极值后,会有负效应。②二次项系数为负数,表明方程的极值为极大值。③光强与 CO_2 浓度的互作项为正,表明随着 CO_2 浓度的提高,光强对 Pn 的促进作用增强,反之亦然。

在试验条件的范围内,式(4.1)与实际测定值吻合很好。根据式(4.1),得到不同光照强度下,不同 CO_2 浓度水平对光合作用速率影响的曲线(图 4.4)。从图中可以看到,CO_2 浓度与光强之间的互作效应是很明显的。

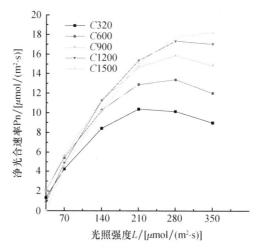

图 4.4　低温条件下不同光强和 CO_2 施肥水平对光合作用的影响

C 代表 CO_2 浓度

根据式(4.1),分别对 CO_2 和光强求一阶偏导数,然后令其等于 0,解联立方程组,得到冬季低温条件下 Pn 最高的一组解:CO_2 浓度为 1669 $\mu L/L$,光强为 342.86 $\mu mol/(m^2 \cdot s)$,Pn 为 18.407 $\mu mol\ CO_2/(m^2 \cdot s)$。

2. 中、高温下光合作用与光照、温度和 CO_2 浓度关系的数学模型

与冬季相比,春夏秋季的温度高,晴天辐射强,所以光合作用速率也高。试验表明,在一定范围内,随着温度升高,增施 CO_2 气肥效果提高。在 CO_2 为 320 $\mu L/L$ 的大气浓度下,光照和温度适宜时的最大 Pn 仅为 13.6 $\mu mol\ CO_2/(m^2 \cdot s)$[此时温度为 25℃,光强为 610 $\mu mol/(m^2 \cdot s)$],而在增施 CO_2 气肥条件下测得的最大 Pn 达到 36.5 $\mu mol\ CO_2/(m^2 \cdot s)$。将两年中所测得的 144 组试验数据进行非线性拟合,得到中、高温条件下净光合速率(Pn)与 CO_2 浓度(C)、光强(L)和温度(T)之间的三元二次回归数学模型:

$$Pn = -17.2 + 1.24T + 0.025\ 16L + 2.21C - 0.0332T^2 - 3.768 \times 10^{-5}L^2 - 0.0756C^2$$
$$+ 6.685 \times 10^{-4}T \cdot L + 3.91 \times 10^{-3}T \cdot C + 1.0652 \times 10^{-3}L \cdot C \qquad (4.2)$$
$$[10℃ < T < 35℃, 200\ \mu L/L < C < 2200\ \mu L/L, L < 1000\ \mu mol/(m^2 \cdot s)]$$
$$R = 0.9450^{**}$$

式中,C 为 CO_2 浓度值除以 100。F 值检验表明,模型 2 中除了 CO_2 浓度 C 与温度 T 之间的互作效应未达到显著水平外,其余的一次项、二次项与互作项均达

到极显著的水平。该方程的生物学意义也很清晰。在方程式中,3 个一次项系数均为正数,二次项系数较小且为负数,表明 3 个因子在一定范围内随着其值的增加对光合作用有促进作用,但都有个最大的值,超过此值后对光合作用会有负的影响。温度 T 与光强 L,光强 L 与 CO_2 浓度 C 之间的 F 值检验显著,表明随着温度的升高,适宜的光强也提高;随着光强的提高,最适的 CO_2 浓度也提高,反之亦然。

图 4.5 是根据模型式(4.2)计算所得到的不同温度下净光合速率与 CO_2 浓度和光照强度之间的关系曲线。从这些图中可以看出以下几点:

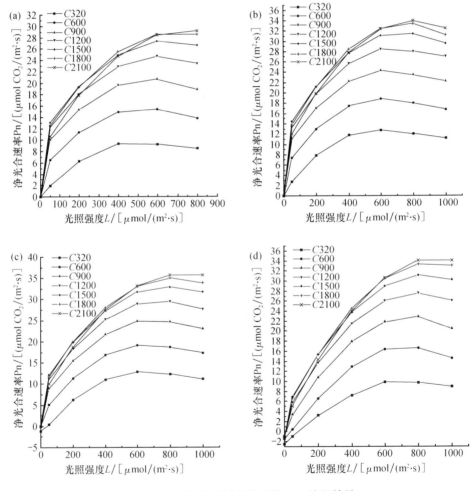

图 4.5　不同温度不同光强下的 CO_2 施肥效果

(a) 14℃;(b) 21℃;(c) 28℃;(d) 35℃

C 代表 CO_2 浓度

(1) 尽管 C 与 T 的互作关系不显著,但在 21℃ 以上高温条件下进行增施 CO_2 气肥的效果比 14℃ 相对低温条件下的效果略好。例如,同是 600 $\mu mol/(m^2 \cdot s)$ 光强下,将 CO_2 浓度从 320 $\mu L/L$ 上升到 1500 $\mu L/L$,14℃ 时 Pn 提高了 18.1 μmol $CO_2/(m^2 \cdot s)$,而 28℃ 时,Pn 可提高 19.5 $\mu mol CO_2/(m^2 \cdot s)$。

(2) 无论哪种温度下,高光强时施用 CO_2 的效果都比低光强条件下好,低光强时的各条曲线差异很小,随着光强的提高,曲线之间的距离拉开。例如,28℃ 条件下,在光强为 200 $\mu mol/(m^2 \cdot s)$ 时,Pn 的极差为 11.9 $\mu mol CO_2/(m^2 \cdot s)$,而光强 600 $\mu mol/(m^2 \cdot s)$ 时的 Pn 极差达到 20.4 $\mu mol CO_2/(m^2 \cdot s)$。

(3) 随着 CO_2 浓度的提高,单位体积 CO_2 所产生的 Pn 增加量下降,即存在报酬递减效应。例如,在 28℃,400 $\mu mol/(m^2 \cdot s)$ 光强下,CO_2 对 Pn 的促进效果为: 当浓度从 320 $\mu L/L$ 提高到 600 $\mu L/L$ 时,促进效果为每 100 $\mu L/L$ 增加 2.06 μmol $CO_2/(m^2 \cdot s)$,从 600 $\mu L/L$ 提高到 900 $\mu L/L$ 时,为每 100 $\mu L/L$ 增加 1.6 μmol $CO_2/(m^2 \cdot s)$,从 900 $\mu L/L$ 提高到 1200 $\mu L/L$ 时,为每 100 $\mu L/L$ 增加 1.2 μmol $CO_2/(m^2 \cdot s)$,而从 1200 $\mu L/L$ 到 1800 $\mu L/L$,则不足 0.5 $\mu mol CO_2/(m^2 \cdot s)$,在 1800 $\mu L/L$ 以上反而出现负值。

按照二次函数的二次项为负值,一阶偏导数等于 0 时,函数具有最大极值点的数学原理,可以从模型中得到温室生菜最佳的气候因子组合为:光强 897.3 $\mu mol/(m^2 \cdot s)$,温度 28.9℃,CO_2 浓度 2160 $\mu L/L$,此时的 Pn 为 36.024 $\mu mol CO_2/(m^2 \cdot s)$。

3. 对 CO_2 浓度的饱和点和补偿点的验证

为了验证以上所建模型的可靠性,对 CO_2 浓度的饱和点和补偿点与实际测定值进行了对比。表 4.1 是在两种温度和三种不同的光照强度条件下,实际测得的 CO_2 浓度饱和点和补偿点值,以及根据模型式(4.2)计算所得到的 CO_2 浓度饱和点和补偿点值。从表中可以看出,无论是实测值还是计算值,CO_2 浓度的饱和点和补偿点都是随着温度和光照的变化而变化的动态值。在一定的温度下,随着光强的升高,CO_2 浓度的饱和点上升,而补偿点下降。同样,在一定的光强下,随着温度的上升,CO_2 浓度的饱和点上升,补偿点下降。将表中的实测值与计算值比较,无论是 CO_2 浓度饱和点还是 CO_2 浓度补偿点,两者之间的相对误差都较小,多为 6%~10%,这一差异可能是因为每次取样时植株及叶片大小和形态有所差异。t 测验表明,饱和点的 $t = 0.432 < t_{0.05}(2.228)$,补偿点的 $t = 0.207 < t_{0.05}(2.228)$。可以推断,模拟值与实测值之间没有显著差异,所以模型结果基本可信。

表 4.1　不同温度和光照强度条件下的 CO_2 补偿点和饱和点$(\mu L/L)$

温度 $T=13℃$	光强 $L/[\mu mol/(m^2 \cdot s)]$					
	19.4（弱光）		85.7（中弱光）		496（强光）	
	实测值	计算值	实测值	计算值	实测值	计算值
CO_2 饱和点	1390	1509	1463	1557	1727	1845
CO_2 补偿点	320	294	143	182	133	132

温度 $T=20℃$	光强 $L/[\mu mol/(m^2 \cdot s)]$					
	25.2（弱光）		85.7（中弱光）		613（强光）	
	实测值	计算值	实测值	计算值	实测值	计算值
CO_2 饱和点	1360	1531	1700	1575	2000	1952
CO_2 补偿点	196	219	139	137	113	129

从以上模型可以看到,施用 CO_2 气肥对于光合作用具有明显的促进作用,这与前人的一些研究基本一致。郭泳等在番茄上试验,在大气 CO_2 浓度下,光温满足时的最大光合速率为 17.7 $mgCO_2/(dm^2 \cdot h)$,但在增施 CO_2 气肥条件下,最大光合速率可达到 93.84 $mgCO_2/(dm^2 \cdot h)$[20]。日本学者古在丰树[21]等根据伊东正的试验结果,得到温室蔬菜的 CO_2 与光合速率之间的关系模式:在 350 $\mu L/L$ 浓度下,最大光合速率只有 27 $mgCO_2/(dm^2 \cdot h)$;但在 1000 $\mu L/L$、2000 $\mu L/L$ 和 5000 $\mu L/L$ 条件下,最大光合速率分别达 45 $mgCO_2/(dm^2 \cdot h)$、50 $mgCO_2/(dm^2 \cdot h)$ 和 53 $mgCO_2/(dm^2 \cdot h)$。本研究表明,生菜在 CO_2 满足条件下,最大净光合速率可以比在大气 CO_2 浓度时提高近 2 倍。

在以上建模过程中,曾试图将不同温度下的 CO_2 浓度与光合作用的关系都纳入同一个大模型中。但是对大模型验证的结果,该模型在低温条件下不符合现实情况,计算所得的 Pn 会出现负值。分析原因可能是温度对作物光合作用的影响呈现 S 形曲线,在 10℃ 以下尤其是 5℃ 以下的低温条件下,温度每增加 1℃,对光合作用的促进效果不是很明显,而 10℃ 以上时,温度每增加 1℃,对光合作用促进效果较明显,因此难以套用同一个模型。所以本研究将冬季低温与春夏秋季温度条件下分别建模,所得到的结果与现实情况吻合较好。当温度、光照和 CO_2 浓度等生态因子处在作物最适宜值(饱和点)以下范围时,该模型很适用,可以作为环境优化调控的决策依据。但是由于所建的模型都是二次函数,当这些生态因子超过适宜的最大值时,计算所得的 Pn 下降幅度比实际测定值要快,此时,模型不能外延套用。

4.2　番茄光合作用对环境的响应

番茄是喜温作物,根据多年的试验观察,番茄生长适宜温度白天为 22～30℃,

夜间为 15～20℃。番茄苗期的最低生长忍耐温度为 5℃,但开花授粉时日平均温度低于 8℃,花粉活力下降,坐果率降低;连续 5 天日平均温度低于 8℃,则出现"花打顶"。番茄对高温有较强的适应性,在营养生长阶段,只要在 70%～90% 的适宜湿度时,即使连续几天白天温度超过 35℃ 也未出现生长异常,但在开花授粉时遇到 35℃ 以上的连续高温,花粉就会败育,影响坐果。为研究番茄的光合作用与环境之间的量化关系,进行了一系列的试验研究。

4.2.1　不同天气下的番茄光合作用日变化规律

在江苏大学农业工程研究院的玻璃温室内,用基质盆栽的方式栽培番茄,盆的直径和高度均为 20 cm。番茄的品种为霞粉,定植时间为 3 月中旬。4～5 月,选取有代表性的植株,将其放入 40 cm×40 cm×60 cm 的定制有机玻璃同化箱内,在不同的天气下测定光合作用的变化规律。

1. 阴雨天光合作用变化规律

图 4.6 为典型阴雨天番茄的光合作用日变化曲线。从图 4.6(a)中可以看出,阴雨天的光照强度很低,基本在 1.4～3.6 klx 变化,温度也始终在 12～16℃ 缓慢变化,温度与光照强度都没有突出的峰值。由于光照强度太低,大多在 3 klx 以下,植株的光合作用非常弱,都在 2 μmol CO$_2$/(m^2·s)以下,仅在下午 13 时和 15 时,光照强度超过 3 klx,光合作用速率也高于 2 μmol CO$_2$/(m^2·s),基本上是随光照强度的微弱变化而有较小波动。在这种情况下,光照不足成为主要的限制因素,与温度的关系不太明显。净光合速率出现随光强的升降而同步升降的趋势,全天的光合作用积累很低。

图 4.6(b)也是阴雨天番茄光合日变化,其温度在 13～17℃ 变化,光照强度在 1～8.56 klx 缓慢变化。与图 4.2 相比,光照强度要强一些,番茄的净光合速率的峰度变化更为明显,表现为多个波峰,都是随着光强的升降而同步升降。当 13 时光照强度达到一个峰值时,净光合速率也达到最大值,这更加说明了光照强度是限制番茄光合作用的主要因素。

2. 多云天光合作用变化规律

图 4.7 是多云天气下番茄光合作用曲线。测定日的温度为 14～24℃,从早晨开始,光照强度不断升高,到 11 时出现最大光强,达到 50 klx,11 时以后光强迅速下降。番茄植株的光合作用速率随着光照强度的变化而同步发生变化,中午 11 时,最大光合速率接近 18 μmol CO$_2$/(m^2·s),比阴天条件下大大提高。可见在最大光强 50 klx 的多云条件下,光照强度还是限制光合作用的主要因素。

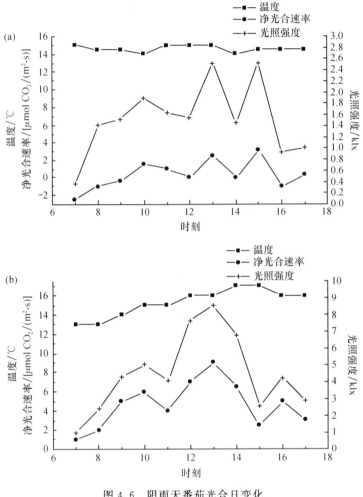

图 4.6　阴雨天番茄光合日变化

(a) 4 月 2 日；(b) 4 月 9 日

3. 晴天光合作用变化规律

图 4.8 是晴天情况下的光合作用曲线。由图中可看出，温度与多云天一样为 14～24℃变化，但光照强度比多云天高。从早上 7 时开始到 10 时，光照强度从 16 klx 增加到 65 klx，植株的光合作用速率也从 18 μmol CO_2/(m^2 · s) 提高到 18 μmol CO_2/(m^2 · s)。但是从 10 时到 11 时，光照强度进一步提高到 72 klx，植株的净光合速率并没有同步增长，反而出现小幅的下降。12 时左右天空出现一些阴云，13 时光照强度再次升高到 60 klx 以上，光合速率再次回升，并达到 20 μmol CO_2/(m^2 · s) 以上的高峰。下午 13 时以后，随着光强的下降，番茄的光合速率开始下降，并有随着光强的升降而同步升降的趋势。总体来看，在一天之中上午的光合产物积累量大于下午。

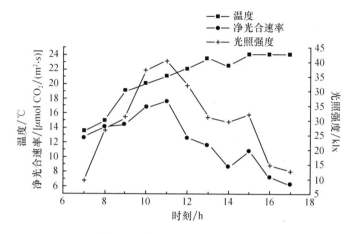

图 4.7　多云天番茄光合日变化

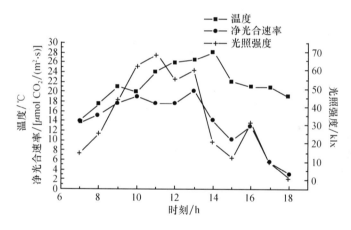

图 4.8　晴天番茄光合日变化

由于该天并不是典型的晴天,在 12 时和 15 时左右出现过两次多云,因此,晴天光合作用变化规律也不是很典型。但是从试验结果可以看出,在经过上午长时间的高光合速率以后,到中午 11 时还是出现光合作用的午休现象,但由于春季的温度不是很高,湿度条件和光照条件都合适,所以午休现象不是很明显。

4.2.2　番茄光合作用对环境因子的响应

1. 番茄光合作用对温度的响应

在正常的大气 CO_2 浓度(315~340 $\mu L/L$)和光照强度为 50 klx 的条件下进行测定,温度从 8~28℃,当温度为 8~9℃时,净光合作用为零,然后随温度的增加光合作用加强,达到 25℃左右时净光合速率达到最大,为 20.4 μmol CO_2/(m^2 · s),但当温度继续升高时,番茄的净光合速率出现下降。图 4.9(a)为该条件下番茄的净光合速率随温度变化的图,从图中可以看出,温度为 9~22℃时,净光合速率随温度的升高增加很快,在 22~25℃时增加较缓慢,到 25℃时达到最大。

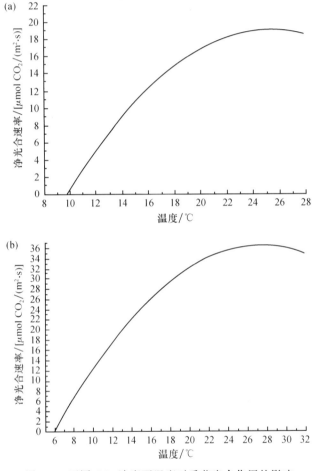

图 4.9　不同 CO_2 浓度下温度对番茄光合作用的影响

(a) 大气 CO_2 浓度下;(b) 高 CO_2 浓度下

在 1300 μL/L 的高 CO_2 浓度下和 60 klx 的光照强度下进行测定的结果为[图 4.9(b)]:当温度为 6℃时净光合速率为 0,在 6~23℃时净光合速率随温度的增加而急剧增长,在 23~27℃时随温度的增加而增长缓慢,到 27℃时达到最大,为 36.53 μmol CO_2/(m^2 · s),然后随温度的增加逐渐下降。

由上面试验可以看出,在一定的条件下番茄的净光合速率有一个最大极值点。同一品种极值点的位置主要取决于光照强度和 CO_2 气体浓度的共同影响。在高

光照和高 CO_2 气体浓度的情况下,极值点的位置有所提高,在极值点附近净光合速率变化较为平缓。同时可以看出,CO_2 气体浓度提高后,番茄的光合作用的温度下限也略有降低。

关于温度和番茄净光合速率的关系,Nilsen 等认为:在 CO_2 气体的浓度为 1000 $\mu L/L$ 时,25℃时番茄的净光合速率最大,而在 CO_2 气体的浓度为 350 $\mu L/L$ 时,15℃温度下的净光合速率达到最大。但 Ludwig 认为叶片的光合作用随光照和 CO_2 气体的浓度的变化而变化,而与温度变化的关系较小,高温下抑制光合作用的原因可能是降低了 CO_2 气体在水中的溶解度。Augustin 等则认为叶片的净光合速率对温度的反应因基因型而异,但绝大多数的品种的最适宜温度为 25～30℃。郭泳等在正常大气的 CO_2 气体浓度和 912.6 $\mu mol/(m^2 \cdot s)$ 的人工光照条件下测得极值点为 29℃,比本实验所测的数据稍高[22]。

2. 番茄光合作用对光照强度的响应

在 25～30℃的适宜温度条件下,当 CO_2 气体浓度为 330～350 $\mu L/L$ 正常大气浓度时,番茄光合作用速率随光照强度的变化曲线如图 4.10(a)所示。在 1.63 klx 的光照强度下,番茄的净光合速率为 0,在 1.63～42.3 klx 随光照强度的增加而急剧上升,在 42.3～58.71 klx 变化平缓,在 58.71 klx 时达到最大值 20.13 $\mu mol\ CO_2/(m^2 \cdot s)$。在超过 58.71 klx 之后,净光合速率就会随光照强度的增加而缓慢下降。

同样在 25～30℃条件下,将 CO_2 浓度提高到 1600 $\mu L/L$,其光合作用随光强的变化曲线如图 4.10(b)所示。光照强度的补偿点为 1.5 klx,比正常 CO_2 浓度下略低;在 1.5～50 klx 时净光合速率随光照强度的增加剧烈增加,且当温度仅为 10℃时,光合作用就达到了相当高的水平;在 50～65.8 klx 时,净光合速率变化平缓,到 65.8 klx 时达到最大值 39.244 $\mu mol\ CO_2/(m^2 \cdot s)$,该点就是光饱和点。当光照强度超过饱和点时,番茄的净光合速率开始下降,但变化比较平缓。

关于光照强度对番茄光合作用的影响,曾有过一些报道。巽和掘等认为番茄的幼苗光合作用饱和点为 1365 $\mu mol/(m^2 \cdot s)$(75.41 klx)。而 Peat 认为番茄的光合作用饱和点和叶龄有密切的关系,幼龄的光饱和点高;随着叶龄的增加,光饱和点降低。但他认为不管多大的叶龄,其光照响应曲线均符合直角双曲线。本试验所测的饱和点和他们的观点基本符合。但关于光补偿点尚未有准确的研究报道[22]。从本实验来看,番茄的光补偿点受到 CO_2 浓度的影响。

3. 番茄光合作用对 CO_2 气体浓度的响应

进行了不同环境因子的组合对光合作用影响的实验。温度的范围为 7～42℃,低温时获取高光照主要通过在同化箱的周围放置镝灯补光来实现;高温时获取低光照主要通过给同化箱遮光来实现;增加 CO_2 气肥采取吹气的方法来实现。

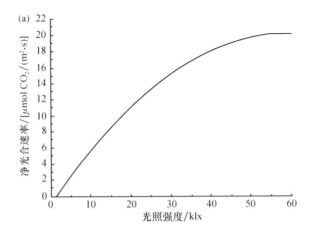

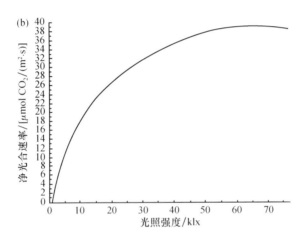

图 4.10　不同 CO_2 浓度下光强对番茄光合作用的影响

(a) 大气 CO_2 浓度下；(b) 高 CO_2 浓度下

　　试验表明,在一定范围内,随着温度升高,增施 CO_2 气肥效果提高。在 320 μL/L 的大气浓度下,光照和温度最适宜时的最大 Pn 为 19.73 μmol CO_2/(m² · s),而在增施 CO_2 气肥条件下 Pn 可以达到 42.035 μmol CO_2/(m² · s),增加的数量达到 1 倍以上。

　　图 4.11 是根据模型式(4.2)计算所得到的不同温度下,净光合速率与 CO_2 浓度和光照强度之间的关系曲线。从这些图中可以得到以下几点:

　　(1) 尽管 C 与 T 的互作关系不显著,但在 21℃ 以上高温条件下进行增施 CO_2 气肥的效果比 14℃ 相对低温条件下的效果略好。例如,同是 50 klx 光强下,将 CO_2 浓度从 320 μL/L 上升到 1500 μL/L,14℃ 时 Pn 提高了 15.57 μmol CO_2/(m² · s),而 28℃ 时,Pn 可提高 20.8 μmol CO_2/(m² · s)。

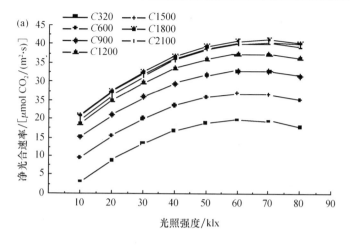

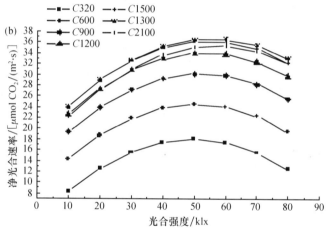

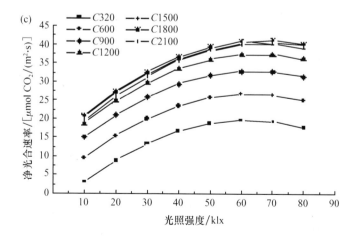

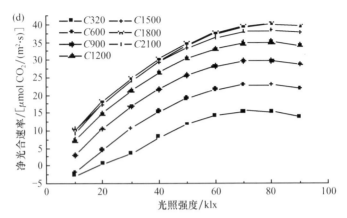

图 4.11　不同温度不同光强下 CO_2 对番茄光合作用的影响

(a) 14℃；(b) 21℃；(c) 28℃；(d) 35℃

C 代表 CO_2 浓度

（2）无论哪种温度下，光强高时施用 CO_2 的效果都比低光强条件下好，反映在曲线上，低光强时的各条曲线差异较小，随着光强的提高，曲线之间的距离拉开。如 28℃条件下，在光强为 20 klx 时，Pn 的极差为 6.55 $\mu mol\ CO_2/(m^2 \cdot s)$，而光强为 70 klx 时的 Pn 极差达到 7.17 $\mu mol\ CO_2/(m^2 \cdot s)$。

（3）随着 CO_2 浓度的提高，单位体积 CO_2 所产生的 Pn 促进效果下降，即存在报酬递减效应。如在 28℃，50 klx 光强下，CO_2 对 Pn 的促进效果为：当浓度从 320 $\mu L/L$ 提高到 600 $\mu L/L$ 时，促进效果为每提高 100 $\mu L/L$ 增加 2.563 $\mu mol\ CO_2/(m^2 \cdot s)$，从 600 $\mu L/L$ 提高到 900 $\mu L/L$ 时，为每 100 $\mu L/L$ 增加 2.01 $\mu mol\ CO_2/(m^2 \cdot s)$，从 900 $\mu L/L$ 提高到 1200 $\mu L/L$ 时，为每提高 100 $\mu L/L$ 增加 1.43 $\mu mol\ CO_2/(m^2 \cdot s)$，从 1200 $\mu L/L$ 到 1500 $\mu L/L$，为每提高 100 $\mu L/L$ 增加 0.85 $\mu mol\ CO_2/(m^2 \cdot s)$，从 1500 $\mu L/L$ 提高到 1800 $\mu L/L$，仅为 0.27 $\mu mol\ CO_2/(m^2 \cdot s)$，在 1800 $\mu L/L$ 以上反而出现负值。

前人的研究表明，施用 CO_2 对于光合作用具有明显的促进作用。郭泳等在番茄上试验，在大气 CO_2 浓度下，光温满足时的最大光合速率为 17.7 $mg\ CO_2/(dm^2 \cdot h)$，但在增施 CO_2 气肥条件下，最大光合速率可达到 93.84 $mg\ CO_2/(dm^2 \cdot h)$。本研究表明，番茄在 CO_2 满足条件下，最大净光合速率可以比大气 CO_2 浓度时提高近 2 倍。

另有研究表明，植物长期处在 5500 $\mu L/L$ 高浓度 CO_2 条件下，9 天后同一叶位叶片后期 Pn 反而不及 350 $\mu L/L$ 条件下的 Pn；在 2400 $\mu L/L$ 条件下，16 天后的 Pn 也开始低于 350 $\mu L/L$ 条件下的 Pn。但在 1200 $\mu L/L$ 条件下，光合速率一直高于 350 $\mu L/L$ 条件下。因此，增施 CO_2 气肥适宜于一天中只施用一段时间即可。此外，从经济学角度上来看，由于增施 CO_2 气肥具有报酬递减效应，所以生产上温室大棚的 CO_2 施用浓度应略低于饱和点[2,22]。

4. 光温气综合环境因子对番茄光合作用影响的二次项数学模型

在所有的试验数据中,挑选 40 组具有代表性的数据,用 MATLAB 进行最小二乘法拟合,得到了番茄的净光合速率与温度、光照强度及 CO_2 浓度之间的三元二次函数模型:

$$Pn = -31.9176 + 2.8862T + 0.1517L + 2.6486C - 0.0795T^2 - 0.0061L^2$$
$$- 0.0969C^2 + 0.0211TL + 0.0208TC + 0.0047LC$$
$$(8℃ < T < 36℃, 2klx < L < 77klx, 0.5\ \mu L/L < C < 19\ \mu L/L)$$
$$R = 0.9632^{**} \tag{4.3}$$

式中,Pn 为番茄的净光合速率,$[\mu mol\ CO_2/(m^2 \cdot s)]$;$T$ 为番茄光合作用的叶温($℃$);L 为番茄进行光合作用的光照强度(klx);C 为番茄叶片周围的 CO_2 气体的浓度($100\ \mu L/L$)。

F 值检验表明,无论是一次项、二次项还是互作项,F 值均达到极显著的水平。与式(4.1)同样,该方程的生物学意义也很清晰。

为了验证式(4.3)的可靠性,同时进一步探明 CO_2 的饱和点和补偿点与光照、温度之间的关系,在以上建模所用的试验参数以外,另外做了不同温度、不同光照条件下的 CO_2 饱和点的试验。表 4.2 是在 3 种温度和 3 种不同的光照强度条件下,实际测得的 CO_2 饱和点值,以及根据式(4.3)计算所得到的 CO_2 饱和点。从表中可以看出,无论是实测值还是计算值,CO_2 的饱和点都是随着温度和光照的变化而变化的动态值。在一定的温度下,随着光强的升高,CO_2 饱和点上升。同样,在一定的光强下,随着温度的上升,CO_2 饱和点上升。将表中的实测值与计算值比较,两者之间的差异都较小。表明所建的番茄光合作用模型基本可信。

表 4.2　不同温光情况下的饱和点的实测值($\mu L/L$)和计算值($\mu L/L$)

| | 光照强度 L/klx | | | | | |
| | 3(弱光) | | 20(中光) | | 60(强光) | |
	实测值	计算值	实测值	计算值	实测值	计算值
$T=15℃$	1578	1536	1633	1577	1714	1686
$T=23℃$	1643	1621	1689	1662	1780	1727
$T=29℃$	1702	1674	1811	1759	1845	1823

4.3　温室黄瓜光合作用对环境的响应

黄瓜是温室的主栽作物。采用水果黄瓜和普通黄瓜等多个品种,对黄瓜的光合作用与光温环境之间的关系进行了一系列的研究,并建立了精确模拟的类卡方模型。

4.3.1　不同天气下的水果黄瓜光合作用变化规律

试验于 2004 年 3~6 月在镇江京口区蔬菜研究所的连栋玻璃温室中进行。黄瓜的供试品种为荷兰引进的水果黄瓜——碧玉,该品种成熟时果长 15~20 cm,果粗 5 cm。采用育苗—定植的栽培方式,育苗采用 50 穴圆孔穴盘,基质采用珍珠岩和蛭石以 3:2 混合,在育苗 20 天出现 2 叶 1 心后进行定植。栽培方式为无土基质袋栽,袋的规格为 100 cm×30 cm,每袋单行栽 4 株,行间距为 1600 cm,以珍珠岩为基质,在黄瓜定植后的整个生长阶段营养液按照该荷兰黄瓜营养液专用配方配置,灌溉方式采用滴灌[23]。

在黄瓜生长中期,选取 4 株正常生长且长势相近的植株,标定植株的第 5 片叶子(从上至下)作为测定对象,用 LI-6400 光合作用仪进行不同条件下光合速率的测量。

1. 晴天条件下黄瓜的光合作用日变化规律

在 5 月下旬和 6 月的高温条件下,对黄瓜的光合作用日变化进行了连续的测定。结果表明在不同的气候条件下,由于温室内的温度、光照强度和湿度条件的不同,黄瓜光合作用的变化规律出现了很大的差异。

图 4.12 为温室内黄瓜在晴天条件下光合作用的测定结果。由图中可以看出,晴天由于太阳辐射强度高,温室内的温度也比较高,在上午 10 时,温室内的温度达到 34℃,光通量密度(PPFD)达到 950 $\mu mol/(m^2 \cdot s)$,此时光合强度达到了峰值 21.9 $\mu mol\ CO_2/(m^2 \cdot s)$。11 时温室内的温度和光通量密度分别达到了 35.6℃和 1180 $\mu mol/(m^2 \cdot s)$,此时光合作用强度出现一定的下降趋势。在 12 时温室内的温度达到顶峰,此时光合作用强度出现了低谷。从 13 时开始光合作用强度出现回升,到 14 时达到第二个峰值 18.7 $\mu mol\ CO_2/(m^2 \cdot s)$,此后逐渐下降。可以看出温室内的黄瓜光合作用在高温条件下出现了典型的双峰曲线,存在明显的"午休"现象。这是作物在高温、强光等不利环境下的一种自我保护现象。在试验过程中,光合作用速率在 12 时出现了低谷,此时冠层的温度和作物冠层的光通量密度处于峰值附近,而冠层的湿度较低,黄瓜叶片的气孔关闭进行自我保护,从而导致黄瓜叶片的"午休"现象出现。

2. 多云天黄瓜光合作用变化规律

图 4.13 为典型的多云天气条件下的测定结果。从图中可以看出,温室内的光通量密度明显比晴天条件下要低,且温度也相对要低。由于室内空气温度变化幅度不大,光合作用的变化趋势基本与光通量密度的变化趋势相一致,即光合作用随

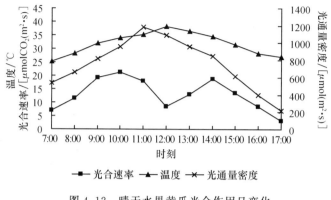

图 4.12　晴天水果黄瓜光合作用日变化

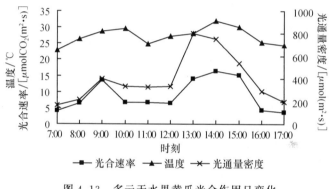

图 4.13　多云天水果黄瓜光合作用日变化

着光通量密度的升降而升降。在上午 9 时光通量密度出现一个小的峰值 400 $\mu mol/(m^2 \cdot s)$,光合强度也出现相应的峰值 13.6 $\mu mol\ CO_2/(m^2 \cdot s)$。下午 13 时光通量密度出现突然的上升达到 800 $\mu mol/(m^2 \cdot s)$,光合强度变化滞后于光通量密度的变化,于 14 时出现了一个峰值 17.6 $\mu mol\ CO_2/(m^2 \cdot s)$。由于此时光强明显高于上午,所以光合强度值也比上午略高。

3. 阴天黄瓜光合作用变化规律

图 4.14 为阴天条件下的测定结果。在阴天条件下温室内光通量密度全天都较低,且变化平缓。仅在下午 13 时出现了一个较小的峰值 250 $\mu mol/(m^2 \cdot s)$ 左右。温度的变化幅度也不大,基本和光照的变化趋势相一致。从图中可以看出光合速率的变化趋势和光照的变化趋势也基本一致,呈单峰曲线,其峰值出现在 13 时光照最强时,为 12.8 $\mu mol\ CO_2/(m^2 \cdot s)$。因此在阴天条件下光辐射强度是影响光合速率的主要因子。

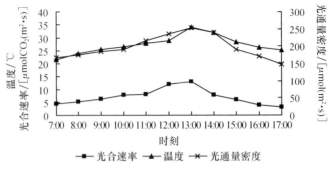

图 4.14　阴天水果黄瓜光合作用日变化

4.3.2　温室水果黄瓜光合作用的光照响应

为研究黄瓜在不同的温度条件下对光照强度的响应,本试验利用 LI-6400 光合作用测定系统所具有的光响应自动测定程序研究在温度恒定条件下的光照响应曲线。图 4.15 给出了在 32℃条件下的黄瓜的光合作用随光照强度变化而变化的光照快响应曲线。从图中可以看出在光照小于 1000 $\mu mol/(m^2 \cdot s)$ 时,光合作用强度随光照的变化较大,在大于 1000 $\mu mol/(m^2 \cdot s)$ 时,光合作用强度变化不大,即达到了黄瓜的光饱和点。利用回归方法拟合得到光照强度(x)与光合作用强度(y)的一元二次方程为

$$y = -0.981 + 0.0333x - 1.148 \times 10^{-5} x^2 \quad (R^2 = 0.93) \quad\quad (4.4)$$

式中,R^2 为相关系数,可以看出二者具有较强的相关性,方程在 $x=1448$ 时取得最大值 23.02,在 $x=58.3$ 时 $y=0$。其生物学意义就是黄瓜的光饱和点为 1448 $\mu mol/(m^2 \cdot s)$,此时的光合作用强度为 23.02 $\mu mol\ CO_2/(m^2 \cdot s)$;光补偿点为 58.3 $\mu mol/(m^2 \cdot s)$,这与文献[24]的研究结果光补偿点 51.0 $\mu mol/(m^2 \cdot s)$,光饱和点 1421.0 $\mu mol/(m^2 \cdot s)$,光饱和时光合作用强度为 21.3 $\mu mol\ CO_2/(m^2 \cdot s)$ 相吻合。

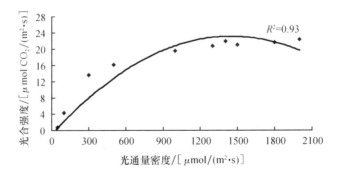

图 4.15　水果黄瓜的光照响应曲线

　　进一步考虑温度的影响,利用 SPSS 统计软件根据最小二乘法建立了水果黄瓜的光合作用与温度和光照强度之间的回归方程。回归结果为

$$Pn = -26.44 + 2.238T + 2.244 \times 10^{-2}L - 0.0479T^2$$
$$- 1.28 \times 10^{-5}L^2 + 3.881 \times 10^{-4}TL \tag{4.5}$$

式中,T 和 L 的取值范围为 $10℃ \leqslant T \leqslant 40℃, 0\ \mu mol/(m^2 \cdot s) \leqslant L \leqslant 2000\ \mu mol/(m^2 \cdot s)$。

　　相关性检验计算结果为:相关度 $R = 0.953$,表明应变量 Pn 与自变量 L 和 T 之间显著相关。

4.3.3　温室黄瓜光合作用与光温关系的类卡方模型

　　本研究在生菜、番茄和水果黄瓜的光合作用模拟中采用了二次多项式模型,其在一定的环境参数范围内表现出很好的拟合度。但二次多项式是一个对称函数,所以当光、温、CO_2 等参数超过作物生长需要的最高点后,光合作用模拟的精确度就要受到影响。国内外对光合速率模型的研究方法主要是负指数模型[25],也有直角模型(RH)[26,27]、非直角模型(NRH)[28-30] 及 Charles-Edwards 模型[31] 等。负指数模型虽然统计拟合效果较好(如 R^2 达到 0.90 以上),并能计算部分相关参数,但是由于负指数模型是单调上升函数,无法得到光饱和点和现实的最大净光合速率,因而无法完整反映作物光合作用的特性。鉴于此,李冬生等经过大量的比较研究,构造了类卡方模型(QCSM),并对模型进行了验证。

1. 试验方法及试验结果

　　采用津研 4 号黄瓜品种,在温室中用土壤盆栽。待黄瓜第八叶充分展开后,选 10 盆长势相当的黄瓜移入人工气候室 1 号室和 2 号室内,进行变温试验。每 3 天变换一次温度,1 号室的白天温度分别设定为 16℃、20℃、24℃,2 号室的白天温度分别设定为 26℃、28℃、30℃。室内 CO_2 浓度均为 $(500 \pm 50)\mu L/L$,相对湿度均保持在 70%±10%。在每个温度的最后一天进行光合速率的测定,每个温度重复 3 次。

　　黄瓜叶片净光合速率采用美 Li-COR 公司生产的 LI-6400 便携式光合测量系统进行测定,测定时采用系统自带 LED 人工红蓝光源。测定的程序如下:先随机选取 3 个代表植株,在 $1400\ \mu mol/(m^2 \cdot s)$ 光强下诱导 30 min;然后设定样本室的参数值:叶片温度为人工气候室相应的温度±0.5℃,相对湿度为 $(70 \pm 10)\%$,光强由弱到强,光量子通量密度(PPFD)为 $0 \sim 2000\ \mu mol/(m^2 \cdot s)$,非均匀地设置间隔点;最后进行测量,每一光强下停留 180 s,并做 3 次重复。

　　根据试验结果做出不同温度不同光强下的净光合速率图,见图 4.16 与图 4.17。从图中可以看出:

（1）在 16～30℃时,同一光强的净光合速率不相等,超过光补偿点后,随着温度和光强的增加,净光合速率呈增加趋势。

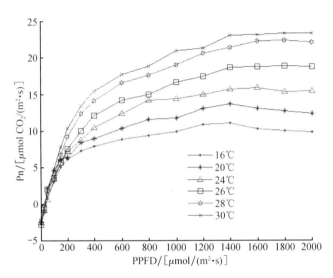

图 4.16　不同温度下的 Pn 比较

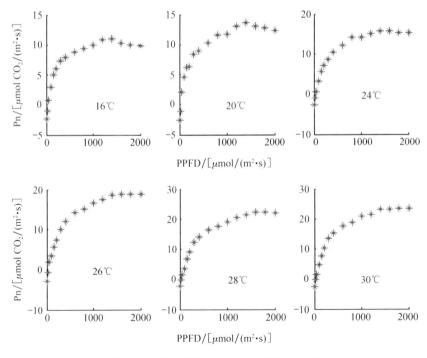

图 4.17　不同温度、不同光强下的 Pn 趋势

（2）不同温度下的光饱和点也不一样，光饱和点随温度的增加而增加。经测定，可得 16℃、20℃、24℃、26℃、28℃、30℃的光饱和点分别约为 1250 μmol/(m² · s)、1475 μmol/(m² · s)、1625 μmol/(m² · s)、1750 μmol/(m² · s)、1850 μmol/(m² · s)、1975 μmol/(m² · s)。

（3）不同温度下的光补偿点差别不大，均在 0~50 μmol/(m² · s)，经测定，16℃、20℃、24℃、26℃、28℃、30℃的光补偿点分别约为 25 μmol/(m² · s)、26 μmol/(m² · s)、22 μmol/(m² · s)、24 μmol/(m² · s)、18 μmol/(m² · s)、20 μmol/(m² · s)。

（4）28℃、30℃的各光强对应净光合速率的差别不大。当温度达到 32℃时，在试验条件下，当光强超过 500 μmol/(m² · s)净光合速率变为负值，说明 30℃为黄瓜最适温度的上限。

2. 类卡方模型的建立及验证

1）类卡方模型描述及拟合优劣判断标准

根据 Pn 随 PPFD 变化趋势，构造一个新模型，由于该模型与统计学中的卡方函数极为相似，故称为类卡方模型，表达式如下：

$$Pn = ae^{bPPFD}PPFD^c - DRR \tag{4.6}$$

式中，a，b，c 为三个系数；PPFD 为光量子通量密度；DRR 为植物的暗呼吸速率。暗呼吸速率 DRR 可由式(4.6)得出，在式(4.6)中，令(PPFD)=0，便得

$$DRR = -Pn(0) \tag{4.7}$$

光补偿点 LCP 也可由式(4.6)得出。令式(4.6)为零，可推得 LCP 是下列方程式(4.8)的解。

$$e^{bLCP}DRR = aLCP^c \tag{4.8}$$

对式(4.6)求一阶导数，得

$$Pn' = ae^{-bPPFD}PPFD^{-c}(cPPFD^{-1} - b) \tag{4.9}$$

式(4.9)表示植物叶片在任意光强下的量子效率。

表观量子效率 AQE 可由式(4.9)得出。在式(4.9)中，令 PPFD=LCP，便得

$$Pn'(LCP) = DRR(cLCP^{-1} - b) \tag{4.10}$$

式(4.10)就是植物在光补偿点处的量子效率，如果忽略 Kok 效应，就是植物的表观量子效率 AQE。

此外，光饱和点 LSP 也可由式(4.10)求得：令式(4.10)为零，便得 LSP 为

$$LSP = \frac{c}{b} \tag{4.11}$$

最大的净光合速率 Pn_{max} 可由式(4.6)和式(4.11)得出：将式(4.11)代入式(4.6)，便得

$$\mathrm{Pn_{max}} = ae^{-c}\left(\frac{c}{b}\right)^{-c} - \mathrm{DRR} \tag{4.12}$$

估计值与实测值的拟合优劣可用下式求出

$$\overline{\mathrm{Pn}} = \alpha + \beta\mathrm{Pn} \tag{4.13}$$

式中,Pn 和 $\overline{\mathrm{Pn}}$ 分别代表净光合速率实测值和相应类卡方模型估计值。对式(4.13)进行线性回归,求出 R^2 和残差标准误差 RSE,就可以判断出拟合程度。

2) 类卡方模型参数确定

使用非线性最小二乘法求类卡方模型的参数 a,b,c,DRR,把一组净光合速率实测值 Pn 代入式(4.6)进行拟合就会得到一组参数。由于用此方法得到的参数与初始值设定有关,为了获得较好的一组参数,可采取如下步骤:首先将各组参数代入式(4.6),计算出净光合速率估计值 $\overline{\mathrm{Pn}}$;然后,将 Pn 和 $\overline{\mathrm{Pn}}$ 代入式(4.13),做 $\overline{\mathrm{Pn}}$ 对 Pn 的线性回归;最后判断各回归的残差标准误差 RSE,选择 RSE 较小且符合生理意义的那一组参数。运用非线性最小二乘算法对类卡方模型进行拟合时,不能包含自变量为 0 的值,故在具体操作时,用 0.001 代替 0,这样处理对结果影响很小,且不至于减少自由度。

利用 MATLAB(MATLAB7.0.267,the Math Works,nc. U. S. A.)编程,采用上述方法求出黄瓜叶片在不同温度下类卡方模型参数值见表 4.3,各光合有效辐射 PAR 与对应的估计值 $\overline{\mathrm{Pn}}$ 和实测值 Pn 绘制图形见图 4.18,$\overline{\mathrm{Pn}}$ 对 Pn 的线性回归结果见图 4.19。从表 4.3 可见,黄瓜叶片最大光合速率 $\mathrm{Pn_{max}}$ 随温度增加而增大,在 16℃ 时最小,为 10.6015 $\mu\mathrm{mol}/(\mathrm{m}^2 \cdot \mathrm{s})$,在 30℃ 时最大,为 23.6999 $\mu\mathrm{mol}/(\mathrm{m}^2 \cdot \mathrm{s})$,体现了在不同温度下黄瓜叶片光合作用的最大程度;表观量子效率 AQE 为 0.06~0.112,体现了黄瓜叶片光合作用的最大潜力,AQE 随着温度增加呈现增大的趋势,在 16℃ 时最小,为 0.0626,在 30℃ 时最大,为 0.1113。光饱和点 LSP 也随着温度的增加呈增大的趋势,从 16℃ 时的 1219.8 $\mu\mathrm{mol}/(\mathrm{m}^2 \cdot \mathrm{s})$ 提高到 30℃ 时的 1953.0 $\mu\mathrm{mol}/(\mathrm{m}^2 \cdot \mathrm{s})$;光补偿点 LCP 为 17.15~26.11 $\mu\mathrm{mol}/(\mathrm{m}^2 \cdot \mathrm{s})$,反映了为补偿暗呼吸所需要的最低的光强。这些结果与以往他人研究得到的结果基本一致[32]。但是黄瓜叶片光饱和点超过 1600 $\mu\mathrm{mol}/(\mathrm{m}^2 \cdot \mathrm{s})$,此结果比自然条件得到的光饱和点要高[32]。其原因可能是人工气候室设定的 CO_2 浓度为 500 $\mu\mathrm{L/L}$ 左右,比自然条件下的 370 $\mu\mathrm{L/L}$ 左右高得多,这与李萍萍等以往在其他蔬菜上提高 CO_2 浓度时,光合作用的光饱和点会随之升高的试验结果也是一致的。

图 4.18 反映了黄瓜叶片净光合速率随光强变化而变化的趋势,类卡方模型拟合效果很理想,图 4.19 进一步反映 Pn 与 $\overline{\mathrm{Pn}}$ 几乎在一条直线上。计算可知,各温度下 $\overline{\mathrm{Pn}}$ 对 Pn 线性回归方程的拟合优度 R^2 均在 0.98 以上,残差标准误差 RSE 很小。以 28℃ 为例:$\alpha=0.1341$,$\beta=0.9900$,$R^2=0.99$,RSE$=0.8998\mu\mathrm{mol}/(\mathrm{m}^2 \cdot \mathrm{s})$,$\beta$ 预测值的置信区间为 0.9900±0.1183,说明 $\overline{\mathrm{Pn}}$ 与 Pn 线性关系明显,类卡方模型估计值与实测值非常相符。

表 4.3　不同温度下的类卡方模型及其参数

温度 /℃	光合速率方程	AQE	Pn_{max} /[μmol CO_2 /($m^2 \cdot s$)]	LSP /[μmol /($m^2 \cdot s$)]	LCP /[μmol /($m^2 \cdot s$)]
16	$0.542\ 1e^{-0.000\ 430\ 4PPFD} PPFD^{0.525} - 2.776$	0.0626	10.6015	1219.8	22.8563
20	$0.762e^{-0.000\ 335PPFD} PPFD^{0.484\ 2} - 3$	0.0837	12.9123	1445.4	17.1452
24	$0.507\ 6e^{-0.000\ 344\ 4PPFD} PPFD^{0.567\ 6} - 3.204$	0.0685	16.0701	1648.1	26.1102
26	$0.538\ 7e^{-0.000\ 320\ 4PPFD} PPFD^{0.571} - 3.187$	0.0789	17.3761	1782.1	22.7837
28	$0.512\ 3e^{-0.000\ 322\ 3PPFD} PPFD^{0.597} - 3.001$	0.0908	22.1802	1852.3	19.5297
30	$0.746\ 8e^{-0.000\ 280\ 6PPFD} PPFD^{0.548} - 3.544$	0.1113	23.6999	1953.0	17.2963

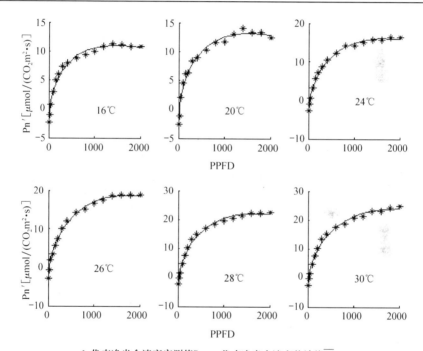

✱ 代表净光合速率实测值Pn，—代表净光合速率估计值$\overline{Pn}$

图 4.18　不同温度下的 $\overline{Pn}$ 与 Pn 随光密度的变化[单位：μmol CO_2 /($m^2 \cdot s$)]

3) 模型的验证

为了进一步验证所建立的类卡方模型的有效性,采用基质槽栽培方式下黄瓜叶片净光合速率数据进行了验证。测量时,设定叶室温度为 26℃,相对湿度为(70 $\pm$10)％,CO_2 浓度为 500 μL/L 的条件下,设置光源的光量子通量密度(PPFD)为 0 μmol/($m^2 \cdot s$)、20 μmol/($m^2 \cdot s$)、50 μmol/($m^2 \cdot s$)、80 μmol/($m^2 \cdot s$)、100 μmol/($m^2 \cdot s$)、150 μmol/($m^2 \cdot s$)、200 μmol/($m^2 \cdot s$)、400 μmol/($m^2 \cdot s$)、800 μmol/($m^2 \cdot s$)、1000 μmol/($m^2 \cdot s$)、1200 μmol/($m^2 \cdot s$)、1500 μmol/($m^2 \cdot s$)、1700 μmol/($m^2 \cdot s$)、1800 μmol/($m^2 \cdot s$)、2000 μmol/($m^2 \cdot s$),其他方法同上。首

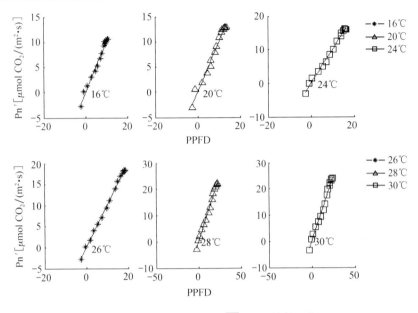

图 4.19　不同温度下的 $\overline{Pn}$ 与 Pn 线性回归

先运用非线性最小二乘法对式(4.6)进行拟合,求出基质槽栽培方式下黄瓜叶片净光合速率估计值 $\overline{Pn}$;然后作 $\overline{Pn}$ 对 Pn 的线性回归,回归方程的 α,β,R^2,RSE 和 β 估计值的 95% 置信区间分别为 0.0471、0.9908、0.9908、0.4537、0.9908±0.1608,相应的 $\overline{Pn}$ 对 Pn 的线性回归图和残差分布图见图 4.20。

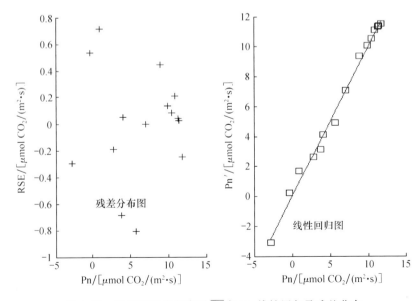

图 4.20　基质槽栽培方式下 $\overline{Pn}$ 与 Pn 线性回归及残差分布

　　从结果看出,基质槽栽培方式的拟合优度 R^2 在 0.99 以上,且残差标准误 RSE 很小,为 0.4537,由于 R^2 和 RSE 是反映线性拟合程度的重要判断标准,极高的 R^2 和很小的 RSE 说明线性关系非常明显,因此,叶片净光合速率实测值 Pn 与类卡方估计值 $\overline{\text{Pn}}$ 线性关系极强。另外,β 值为 0.9908,α 远小于 β,表明 Pn 和 $\overline{\text{Pn}}$ 几乎相等。图 4.20 的残差分布图表明残差 RSE 几乎成正态分布,既不与式(4.13)中的自变量相关,也不与其估计值相关,进一步说明了类卡方模型的可行性。

3. 分式模型、非直角双曲线模型、负指数曲线模型与类卡方模型比较

1) 分式模型描述

分式模型表达式为

$$\text{Pn}(\text{PPFD}) = a\,\frac{(1-b\text{PPFD})\text{PPFD}}{1+c\text{PPFD}} - \text{DDR} \tag{4.14}$$

式中,a、b、c 是三个系数;PPFD 是光量子通量密度;DDR 为植物的暗呼吸速率。

　　由式(4.14)可知,当 PPFD=0 时,有

$$-\text{Pn}(0) = \text{DDR} \tag{4.15}$$

式(4.15)是植物的暗呼吸速率。

　　对式(4.14)求一阶导数和二阶导数,即有

$$\text{Pn}'(\text{PPFD}) = a\,\frac{1-2b\text{PPFD}-bc\,\text{PPFD}^2}{(1+c\text{PPFD})^2} \tag{4.16}$$

$$\text{Pn}''(\text{PPFD}) = \frac{-2a(b+c)}{(1+c\text{PPFD})^3} \tag{4.17}$$

式(4.16)代表任意光强下的叶片的量子效率,式(4.17)是量子效率的变化率。

　　光饱和点 LCP 可由式(4.14)等于零而得来,LCP 可由下列方程得出

$$\frac{a(1-b\text{LCP})\text{LCP}}{1+c\text{LCP}} = \text{DDR} \tag{4.18}$$

由式(4.16)还可以知道,当 PPFD=LCP 时,有

$$\text{Pn}'(\text{LCP}) = a\,\frac{1-2b\text{LCP}-bc\,\text{LCP}^2}{(1+c\text{LCP})^2} \tag{4.19}$$

式(4.19)就是植物在光补偿点处的量子效率。如果忽略 Kok 效应,则它就是植物的表观量子效率。

　　此外,当 $b>0$ 时,由式(4.16)可求出植物的饱和光强,由式(4.20)给出,最大光合速率由式(4.21)给出;当 $b<0$,分式模型求不出饱和光强和最大光合速率。

$$\text{LSP} = \frac{\sqrt{b^2+bc}-b}{bc} \tag{4.20}$$

与饱和光强对应的最大光合速率为

$$Pn(LSP) = a\frac{(1-bLSP)LSP}{1+cLSP} - LCP \qquad (4.21)$$

2) 分式模型、非直角双曲线模型、负指数曲线模型与类卡方模型比较

26℃时,光合作用模拟的分式模型、负指数模型和直角模型的形式分别为式(4.22)、式(4.23)和式(4.24):

$$Pn = 0.085\ 02\frac{(1+0.000\ 001\ 695PPFD)PPFD}{1+0.003\ 447PPFD} - 2.503 \qquad (4.22)$$

$$Pn = 20.09(1-e^{-0.056\ 78PPFD/20.09}) - 1.66 \qquad (4.23)$$

$$Pn = \frac{0.021\ 04PPFD + 13.32 - \sqrt{(0.021\ 04PPFD + 13.32)^2 - 1.121PPFD}}{1.5064}$$
$$- 1.575 \times 10^{-7} \qquad (4.24)$$

以 26℃时为例,应用四种模型分别计算最大净光合速率,表观量子效率,光补偿点和光饱和点(负指数模型除外)等参数,其结果列于表 4.4,并作四类模型比较图,如图 4.21 所示。

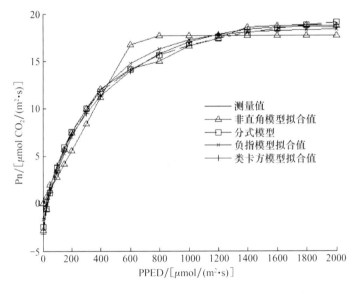

图 4.21　类卡方模型与分式模型、非直角模型、负指数模型拟合比较(26℃)

从表 4.4 中看出,四类模型的拟合优度都很高,均达 0.9 以上。与分式模型相比,类卡方模型的拟合优度略低,残差标准误差项稍高,说明分式模型拟合效果稍好,但是分式模型未能得出光饱和点与最大净光合速率,综合而言,类卡方模型要优于分式模型。与负指数模型和非直角模型相比,类卡方模型的拟合优度为0.9954,高于其他两个模型,同时它的最大绝对误差和残差标准误差都是最低的,

相比之下,类卡方模型的拟合效果最好,同时,负指数模型的曲线一直上升而不下降,因此无法获得光饱和点和最大净光合速率;非直角模型在光饱和点之前是直线上升,超过光饱和点净光合速率保持不变,这与黄瓜的光响应规律不符,而且非直角模型估计的饱和点、补偿点、暗呼吸明显偏低。与实测值比较,类卡方模型的光饱和点、最大净光合速率、光补偿点都最接近。从图 4.21 可以更加直观地看出,类卡方模型模拟的曲线与实测值较接近,能更好体现净光合速率随光通量密度变化的规律。

表 4.4　类卡方模型与二次多项式模型拟合光合作用参数比较

参　数	模型类型				实测值
	类卡方模型	分式模型	负指数模型	非直角模型	
饱和点/[μmol/(m² · s)]	1782.1	—	—	633.08	1750
最大光合速率/[μmol CO_2/(m² · s)]	17.3761	—	20.09	13.32	18.8
补偿点/[μmol/(m² · s)]	22.7837	32.7631	29.2815	5.6383×10^{-6}	24
暗呼吸/[μmol CO_2/(m² · s)]	3.187	2.503	1.66	1.575×10^{-7}	—
表观量子效率	0.0789	0.0686	0.05678	0.02104	
光响应曲线曲角(弧度)	—	—	—	0.7532	
拟合优度	0.9954	0.9970	0.9912	0.9536	
最大绝对误差/[μmol CO_2/(m² · s)]	0.7857	0.8461	1.3352	2.8791	—
最大相对误差	0.0450	0.0450	0.0450	0.0450	—
残差标准误差	0.5054	0.4133	0.7032	1.7326	

参 考 文 献

[1]　胡永光,李萍萍,毛罕平.温室生菜的光合作用特性及环境参数优化调控研究.江苏理工大学学报,1999,(3):1-3.

[2]　李萍萍,胡永光,赵玉国,等.增施 CO_2 气肥对温室结球莴苣光合作用影响的综合模型研究.农业工程学报,2001,17(3):75-79.

[3]　李萍萍,胡永光,赵玉国,等.叶用莴苣温室栽培单株光合作用日变化规律.园艺学报,2001,28(3):240-245.

[4]　胡永光.温室蔬菜生长气候环境参数优化及模拟模型的研究.江苏理工大学硕士学位论文,2001.

[5]　Li P P,Wang J Z,Chen X,et al. Studies on photosynthesis model of mini-cucumber leaf in greenhouse. In:Cao W X,White W J,Wang E L. Crop Modeling and Decision Support. Beijing:Tsing Hua University Press,2009.

[6]　李萍萍,李冬生,王纪章.温室黄瓜叶片光合速率的类卡方模型.农业工程学报,2009,25

　　　　(1):171-175.

[7]　王纪章.基于模型的温室环境调控专家系统研究.江苏大学硕士学位论文,2005.

[8]　尹学举.温室番茄环境调控决策支持系统.江苏大学硕士学位论文,2002.

[9]　许大全.光合作用"午休"现象的生态生理与生化.植物生理通讯,1990,26(6):5-10.

[10]　郑广华.植物栽培生理.济南:山东科学技术出版社,1980,1-58.

[11]　李萍萍.生菜周年无土栽培品比试验.长江蔬菜,1998,(3):24,25.

[12]　李萍萍.温室生菜周年无土栽培的高产技术体系研究.南京大学学报,1997(博士后论文专辑):259-261.

[13]　王修兰,徐师华,李佑祥.大白菜对 CO_2 浓度倍增的生理生态反应.园艺学报,1994,(4):245-250.

[14]　王修兰,徐师华,梁红,等. CO_2 浓度增加对 C3、C4 作物生育和产量影响的实验研究.中国农业科学,1998,(1):55-61.

[15]　张其德.大气中 CO_2 浓度升高对光合作用的影响.植物杂志,1999,(5):32-35.

[16]　于国华,张国树,战淑敏,等. CO_2 浓度对黄瓜叶片光合速率、RubisCO 活性及呼吸速率的影响.华北农学报,1997,(4):101-106.

[17]　林伟宏.植物光合作用对大气 CO_2 浓度升高的反应.生态学报,1998,(5):530-538.

[18]　张惠梅.日光温室黄瓜增施 CO_2 效应试验研究.农业工程学报,1998,14(增刊):160-163.

[19]　王忠,蔡恒. CO_2 加富对黄瓜的增产效应及其原因分析.江苏农学院学报,1993,(2):37-44.

[20]　郭泳,李天来.环境因素对番茄单叶净光合速率的影响.沈阳农业大学学报,1999,30(2):127-131.

[21]　古在豊樹.新施設園芸学.東京:朝倉書店,1992.

[22]　Atherton J G,Rudich J.番茄.郑光华,沈正言译.北京:北京农业大学出版社,1989:144-152.

[23]　冯新春,马国进,陈兰芳,等.温室水果黄瓜高产高效栽培技术.农业装备技术.2003.29(6):26、27.

[24]　张振贤,周绪元,陈利平.主要蔬菜作物光合与蒸腾特性研究.园艺学报,1997,24(2):155-160.

[25]　李娟,郭世荣,罗卫红.温室黄瓜光合生产与干物质积累模拟模型.农业工程学报,2003,19:241-244.

[26]　Krauss K W,Allen J A. Influences of salinity and shade on seedling photosynthesis and growth of two mangrove species, *Rhizophora mangle* and *Bruguiera sexangula*, introduced to Hawaii. Aquat. Bot,2003,77(4):311-324.

[27]　Maskell E J. Experimental researches on vegetable assimilation and respiration. Proceedings of the Royal Society B,1928,102:488-533.

[28]　Thornley J H M. Dynamic model of photosynthesis with acclimation to light and nitrogen. Annals of Botany,1998,81(3):421-430.

[29]　Gomes F P,Oliva M A,Mielke M S,et al. Photosynthetic irradiance-response in leaves of

dwarf coconut palm(*Cocos nucifera* L. 'nana', Arecaceae):Comparison of three models. Scientia Horticulturae,2006,109(1):101-105.

[30]　刘宇锋,萧浪涛,童建华,等.非直线双曲线模型在光合光响应曲线数据分析中的应用.中国农学通报,2005,12(8):76-79.

[31]　史为民,陈青云,乔晓军.日光温室黄瓜叶片光合速率模型及其参数确定的初步研究.农业工程学报,2005,21(5):113-118.

[32]　艾希珍,张振贤,何启伟,等.日光温室主要生态因子变化规律及其对黄瓜光合作用的影响.应用与环境生物学报,2002,8(1):41-46.

第5章　温室生态经济系统的初级生产力及模拟模型

初级生产力是指单位面积、单位时间内由生态系统的初级生产者——植物在生长过程中所积累的生物量或能量。净初级生产力(NPP)是指总生产力减去呼吸消耗以后所积累下来生物量或能量。获得高的初级生产力为人类利用是建立温室生态经济系统的主要目的之一。

温室的初级生产者主要是人工栽培的优势作物。温室作物栽培有多种模式。从栽培方式来看,有土壤栽培、基质栽培和营养液栽培三种,在普通温室大棚中以土壤栽培为主,而在现代化温室中,基质栽培比较普遍,营养液栽培也有一定的面积。从复种方式来看,有单一作物多茬次栽培,有叶菜和果菜等不同作物组成一年多熟,长周期品种一年一大茬栽培方式也在不断增加。李萍萍等在十多年的时间里,进行了多种作物多种栽培方式的研究。本章选择生菜(叶用莴苣)周年多茬营养液和基质栽培、温室专用长周期黄瓜一年一大茬有机基质栽培、黄瓜与生菜一年四茬土壤栽培等几种典型种植模式,对其净初级生产力进行分析,并建立了相应的生长模型。

5.1　生菜周年无土栽培的生产力

无土栽培是20世纪后半叶发展起来的新型的栽培方式,由于其具有对水分和养分容易控制、土地生产力高等优点而受到重视,在发达国家已成为温室栽培中的主要方式。无土栽培有营养液栽培和基质栽培两种模式。营养液栽培主要有营养液膜技术(NFT)和深水培技术(DFT),都需要有专门的栽培装置;基质栽培又分为无机基质栽培和有机基质栽培,其中无机基质栽培需要有专门的营养液,而有机基质中含有一定的养分,其栽培技术与土壤栽培较为接近。本研究以叶菜类作物生菜为例,通过设计三阶段栽培技术,对温室营养液栽培和塑料大棚有机基质栽培条件下的周年生产力进行了研究,并提出了相应的高产栽培和环境调控技术。

5.1.1　生菜温室营养液水培条件下的周年生产力

1. 营养液水培装置的设计

在江苏大学的实验玻璃温室内建造了无土栽培装置,该装置为床架式的 NFT 栽培装置(图5.1)。所设计的栽培床是在栅栏状钢条上铺泡沫板,再在泡沫板上铺一层塑料薄膜,上面搁定植板或育苗板。床的高度和宽度都是 1 m,定植板和育苗板底部离塑料薄膜分别约为 3 cm 和 2 cm。栽培床具一定坡度。营养液通过营养液泵输送到各栽培槽中,流经每个作物的根部又流回到营养液池。供液时,液深在 1 cm 左右,根系下部基本上能吸收到水分。停止供液时,营养液在 5 min 后基本回流到液池中。用电导率仪(EC 计)测定营养液的浓度,并通过开启原液或水源的电磁阀实时调整营养液浓度。通过酸度计监控营养液的 pH。营养液的供应时间由计算机根据预先设定值来间歇供给。由于实行循环供液装置,能够保证营养液中氧气的浓度,所以无需再设增氧装置。

(a) 　　(b)

图 5.1　生菜三阶段无土栽培床

(a) 育苗和分苗床;(b) 定植床

　　环境调控:温室夏季有遮阳网和湿帘风机系统降温措施,冬季依靠温室保温,没有人为加温措施。

2. 生菜三阶段栽培模式设计

　　以意大利耐热耐抽薹生菜品种为供试品种,进行了生菜周年多茬栽培试验。该品种为半结球生菜,收获期以单株 150 g 左右、冠层封行为标准。

　　采用常规的育苗和栽培方式,生菜一年只能种植 7 茬。为了增加周年复种指数,提高初级生产力,设计了三阶段无土栽培方式。首先,将种子播在 128 孔规格的穴盘中;当幼苗为 5 或 6 叶时,移入规格为 10 cm×10 cm 的分苗板。当株间开始重叠时,再将苗按 20 cm×20 cm 留苗和定植。这样,生菜在秧盘中、分苗床和定植床上的生长阶段各占 1/3 左右。第一茬的定植,第二茬的分苗和第三茬定植可以紧接着进行,如此循环,可使周年的定植次数提高到 11 茬。

3. 生菜温室营养液栽培的周年生产力测定

　　采用上述三阶段栽培模式,生菜在冬季不加温、夏季降温的环境控制条件下,可以种植 11 茬。各茬的试验结果汇总于表 5.1。

表 5.1　生菜周年栽培的积温特性及产量结果

茬　次	播种期（月/日）	分苗期（月/日）	定植期（月/日）	收获期（月/日）	播种-收获天数	总积温/℃	0～22℃净效积温	单株重/g
1	6/11			8/22	73	2070	1608	137.6
2	7/13	8/2	8/22	10/3	82	2256	1756	141.7
3	8/3	8/22	9/12	11/3	82	2283	1748	146.0
4	9/17	10/4	10/27	12/26	100	1840	1736	152.2
5	10/26	12/2	1/20	3/13	139	1731	1728	156.3
6	11/28	1/20	3/13	4/7	139	1695	1695	157.2
7	12/24	3/13	4/8	4/30	127	1693	1672	168.0
8	1/28	3/13	4/15	5/12	104	1720	1664	175.0
9	3/25	4/15	5/13	6/9	76	1761	1605	181.4
10	4/19	5/15	6/9	7/2	74	2008	1611	158.1
11	5/20	6/19	7/10	8/1	73	2105	1606	142.0

从表 5.1 可以看到,表中所列的 11 茬生菜,除第 7 茬因最低温季节播种,在分苗和定植日期上不能与前后茬衔接外,其余各茬之间都能衔接,而且第 4 和第 5 茬还可提前 10 天以上播种,表明采用育苗栽培方式,生菜一年至少能收种 11 茬,比常规育苗后即定植的方法增加 4 茬。

从产量来看,冬春栽培比夏季栽培高,主要是夏季栽培易抽薹,不得不提前收获。11 茬生菜总和,每平方米产量达到 43.2 kg,扣除分苗所占的 1/5 空间实际产量达到 35 kg。虽然不同季节栽培的总积温差异大。但 0～22℃ 的净效积温差异很小,在 1700℃ 上下。可以认为,22℃ 的日平均温度是意大利生菜品种的最大最适温度。事实上,凡是日均温高于 22℃ 的晴天,其日最高温度都高于 32℃。因而 32℃ 以上的温度对该品种生菜生长是无效的。而且在过高温度下,呈作物的叶片长宽比增大,中脉增厚,结球性下降的趋势。

4. 提高温室水培生菜初级生产力的营养液控制技术

营养液浓度控制:试验所采用的营养液参照日本的园试配方,氮、磷、钾、钙的浓度分别为 5.0 mmol/L、0.8 mmol/L、2.5 mmol/L 和 1.2 mmol/L,主要是根据生菜的营养特点来配方[1]。试验初始,时值夏季,营养液的浓度配制为 EC 值 1.3 ms/cm。在循环使用过程中,出现营养液浓度上升现象。究其原因,在高温晴天条件下,作物的蒸腾量和水分吸收量大,导致营养成分相对过剩。在以后的试验中,以作物吸收后的营养液 EC 值基本不变为适宜的浓度标准,明确了营养液浓度（y）与温室内日平均温度（x）之间的关系:

$$\begin{cases} y = 2.2 & (x < 10) \\ y = 2.6334 - 0.044\,98x & (10 < x < 30) \\ y = 1.3 & (x > 30) \end{cases} \tag{5.1}$$

在实际控制中,可给予营养液 EC 值一定的范围,以避免执行机构过于频繁的启动。

营养液供应时间控制:供液的时间长短与温室内的温度、湿度和光照有密切的关系。夏天高温高光强下,作物蒸腾强度大,供液的时间要长些,宜控制在每小时 15 min。当春秋季节室内温度为 15～25℃,可缩短至 10 min 左右。低温或连续阴雨天,空气湿度大,植株蒸腾量很少,若供液时间过长,根系之间一直保持大量水分,造成通气不畅,根系活力下降,每次供液时间宜缩短。根据试验分析结果,温室内每小时的适宜供液时间(y)与温度(x)之间具有显著的正相关关系:

$$\begin{cases} y = 5 & (x < 10) \\ y = 0.7100 + 0.4739x & (10 < x < 30) \\ y = 15 & (x > 30) \end{cases} \qquad (5.2)$$

由于一般栽培床所垫塑料布具滑性,难以保持水分,夏季遇到高温、高光强和低湿度的天气,往往会造成根系过干现象。宜采用在栽培床塑料布上垫一层亲水性无纺布的方法,使栽培床的保水能力大大增强。

营养液的酸碱度控制:营养液的设定 pH 控制范围为 5.5～6.5。初始配制的营养液 pH 为 6.5 左右,但在循环使用过程中,pH 会逐步上升,其原因主要是营养液中的成分为生理碱性。当 pH 上升到 7.0 以上时,生菜生长尚可;当 pH 继续上升至 7.2 以上时,则生菜出现新叶发黄现象,生长速度迟缓。主要是在碱性条件下,营养液中铁的溶解度下降,作物缺铁所致。因此,当 pH 上升到 6.5 时,要向营养液池中加酸液,当 pH 降为 6.0 时停止加液。调节酸碱度宜以硫酸为主,磷酸和硝酸适当配合、交替使用,以避免氮、磷、钾主要养分比例失调。

5.1.2　塑料大棚生菜基质栽培的周年生产力

由于南方地区设施主体是塑料大棚,与温室相比环境调控设施要简陋些,而且一般不可能专门建造营养液循环栽培装置。针对塑料大棚的这些特点,采用有机基质栽培技术,对塑料大棚无土栽培下的生菜周年生产力及其栽培高产技术进行试验研究。

1. 试验材料和方法

供试品种:采用香港高华种子公司的意大利全年耐热耐抽薹生菜。

育苗和种植方式:采用 128 孔的美国进口塑料穴盘,每孔播 1 粒。当幼苗长有 4 或 5 片真叶时进行分苗(假植)。在分苗床上 20～30 天,大苗移入定植槽。当头一茬幼苗定植时,第二茬幼苗接着分苗,穴盘中再播种下一茬,如此周年循环连作栽培。

作物种植规格:大棚的基质槽宽度为 1 m,长度为 15 m。基质厚度 20 cm。分苗的规格为 8～10 cm 见方,定植的规格夏季为 20 cm × 20 cm,其余季节为

25 cm×20 cm。

基质材料：育苗和栽培所采用的基质均为李萍萍等自行研制的、由造纸工业的废渣芦苇末经生物工程处理后而形成的芦苇末有机基质。该基质主要性状：含氮、磷、钾分别为 1.01%、0.46%、0.72%，pH 为 7.0，容重为 0.2 g/cm³，总孔隙度为 70% 左右。为了增加基质的透水性，在芦苇末基质中混合了 20% 的蛭石。

养分管理：生菜头茬未施肥，只浇清水，第二茬开始每茬分苗床和基质槽分别追浇 2 次营养液，EC 值为 1.0 ms/cm，用量为 2 L/m² 左右。

2. 结果与分析

根据试验结果，在江南地区塑料大棚栽培条件下，采用上文所述的三阶段栽培技术，从第一茬生菜 7 月 29 日定植，到翌年 7 月 13 日的不到一年时间里，生菜一年中连续收种 9 茬，按实际栽培面积计算，产量达到 40.1 kg/m²（表 5.2）。扣除分苗床所占用的约 1/5 的面积，全年产量仍达到 32 kg/m² 以上。这一结果比上述采用生菜周年水培所得结果略低，但差异不大[1]。

表 5.2　生菜周年栽培的产量结果

茬　次	播种期（月/日）	分苗期（月/日）	定植期（月/日）	收获期（月/日）	播种-收获/天	定植-收获/天	单株重/g	产量/(kg/m²)
1	6/10	7/5	7/29	8/22	74	24	146.9	3.67*
2	7/7	8/2	8/25	9/30	84	36	168.7	4.22*
3	8/4	8/26	10/4	11/11	98	38	206.0	4.12
4	8/29	10/4	11/11	12/29	120	48	246.0	4.92
5	10/6	11/12	1/2	3/1	144	58	260.3	5.26
6	11/18	1/2	3/1	4/13	146	44	237.2	4.74
7	1/4	3/4	4/13	5/18	134	35	218.0	4.36
8	3/5	4/17	5/18	6/18	105	31	181.4	4.54*
9	4/19	5/20	6/19	7/13	85	24	168.1	4.20*

注：产量数据带"*"的数据种植规格为 20 cm×20 cm，未带"*"的为 25 cm×20 cm。

从 9 茬生菜的生长期和产量结果来看，夏季栽培的 4 茬生长期短，单株产量低。主要是因为在夏天高温长日照下，生菜容易抽薹，生长期不能过长，单株产量低，所以在栽培中适当增加了密度。

3. 提高大棚基质栽培生菜初级生产力的栽培技术

(1) 两段培育壮苗。为了延长苗龄，缩短定植后的生长期，提高复种指数，又使幼苗具有良好的素质，宜采用育苗加分苗的两段育苗方法。第一段育苗，采用穴盘基质育苗技术，基质育苗的秧苗素质好，移栽后容易成活，没有缓苗期，这样就可以加快幼苗的生长。低温时播后畦面盖一层薄膜或草帘、无纺布保湿，高温时盖草帘或遮阳网，3 天后可出苗，随即揭去覆盖物。在生菜分苗和定植前，苗床上基质水分要浇透，利于移植时根部与基质连成一体，苗易活棵。

（2）肥水管理。生菜的需肥量较少,基质本身又含有较高的养分,所需供给的营养液很少。芦苇末基质育苗时,宜在基质中拌入 5% 的腐熟干鸡粪。分苗床和基质槽栽培中,新基质只需用 0.05% 尿素和 0.05% 磷酸二氢钾组成的营养液浇灌即可。对于使用过多茬的旧基质,需要补充微量元素,或者用全价营养液。从本试验中作物长势长相看,每茬用 EC 值为 1.0 ms/cm,营养液用量为 2 L/m² 左右的管理方法是可行的。芦苇末基质的保水性能总体而言较好,但由于基质较疏松,孔隙大,表面基质容易干。所以,在幼苗期,由于根系较浅,要小水勤浇灌,一般夏天每天一次,冬天 2～3 天一次。随着植株长大,根系不断加深,由于下层基质保水性好,灌水次数可以减少,保持表层基质适度干爽,以减少病害发生。

当采用醋糟基质育苗和栽培时,由于醋糟基质的养分含量高,第一年的新基质基本可以不用施肥或灌营养液。但醋糟基质的颗粒粗,保水性差,所以在水分管理上要比芦苇末基质更加精细些。

（3）清理残茬和补充基质。为防止残茬腐烂后诱发和传播病害,生菜收获后要及时清理残茬。由于芦苇末和醋糟等有机基质本身是有机物质,在栽培过程中会不断分解和减少,所以每茬生菜收获后,要及时补充基质,补充的量为基质总量的 3%～5%,即 0.6～1 cm 厚度。

（4）分次间隔收获。在市场需求量有限,需要多次分批上市时,宜采取间株收获的办法,使留在田间的植株获得充分的生长空间后,继续生长,以提高当季及全年的产量。

4. 提高大棚基质栽培生菜初级生产力的环境调控技术

（1）冬季环境调控。塑料大棚的晴天白天增温效果很强,但夜间保温效果较差,一般只比室外高 1～2℃,有时还有逆温现象发生。江南地区冬季低于 0℃ 的气温时有发生,为了不发生冻害,大棚内要多层覆盖保温,如在大棚内增加中棚和小拱棚覆盖,夜间再覆盖无纺布保温被,这样夜间的气温能比室外高 5℃ 以上。白天及时揭去保温被,并逐层揭去小棚和中棚膜。在温度基本满足条件下,白天尽量多开门和揭膜,注意通风,在湿度偏大的情况下,更要及时通风散湿,以减轻病害发生。

（2）夏季环境调控。高温条件下,当光强超过 20 000 lx 时,要张开遮阳网,银灰色遮阳网的遮光率为 45%,降温 1～2℃。当晴天中午时分棚内温度超过 33℃ 时,可以通过微喷或手工气雾喷来直接降低叶面温度。在晴天大气相对湿度较小的条件下,使用微喷后,不但可使温室和大棚内的气温降低 2～4℃,还可增加湿度,使植株体内保持一定的膨压和蒸腾速率,减轻光合作用午休程度。

（3）防雨棚和防虫网覆盖。夏季将大棚的裙围扯去,而上部薄膜依然盖上,作为防雨棚防止大雨、暴雨袭击,从而防止烂苗。生菜在连作条件下,蚜虫的发生较严重。所以夏季在防雨棚外再覆盖 25 目防虫网,可以有效防止虫害的发生,生产出真正无公害的绿色蔬菜。

5.2　温室长周期黄瓜的周年生产力

在具有现代化的环境控制连栋温室内,冬季有加温设施,可以种植喜温的果菜。随着温室专用的黄瓜和番茄等蔬菜作物品种的育成,8 月育苗,10 月定植,11 月开始采收,一直到翌年 7 月下旬采收完毕这样的长周期、大潜力品种及栽培方式应运而生。本研究从 2003 年夏季至 2006 年夏季,在镇江市瑞京农业科技示范园荷兰型现代化自控玻璃温室内,对国内外长周期黄瓜品种的生产力进行了比较试验和生产示范。

5.2.1　温室长周期黄瓜品种的生产力比较试验

1) 供试品种

采用荷兰的戴多星和夏多星两个品种,以及国内各科研机构育成的 770082、碧玉、9976、吉祥、申绿 72、中农 9 号和中农 19 号 9 个新品种。

2) 栽培方式及营养液管理

8 月 12 日播种,8 月 25 日定植,9 月 26 日开始陆续采收上市,分别统计其产量。采收到翌年 6 月 25 日结束。栽培方式采用塑料袋栽,袋内为珍珠岩和蛭石 3∶2 配比的基质。袋子为枕头式,每袋种植 4 株水果黄瓜,株行间距均匀,植株栽培密度为 2.5 株/m²。作物生长期间,采用标准营养液配方进行灌溉。EC 值控制在苗期 1.0ms/cm 左右,中期 2.0ms/cm 左右,末期 2.5ms/cm 左右。

3) 环境控制

温室冬季采用煤炉和保温幕的方式供暖,温度控制在白天 25～28℃,夜间 16～18℃。夏季采用湿帘风机和高压喷雾降温,白天最高温度控制在 35℃,夜间自然通风。黄瓜生长后期考虑降温成本停止采用降温措施,提前拉秧腾茬。

观察记录品种特性、上市期、产量等指标和能耗、成本、产值等经济指标(表 5.3)。

表 5.3　温室黄瓜品种特性及产量统计

品　种	抗病性	株高/m	单瓜重/g	瓜长/cm	上市期(月/日)	平均产量/(kg/m²)
戴多星(荷兰)	中	4.56	85	15	9/26	31
夏多星(荷兰)	中	4.45	100	18	9/28	30
770082	中	5.82	95	16	10/2	25
碧玉	强	5.21	105	18	9/26	34
9976	强	4.85	100	17	10/3	28
吉祥	强	5.65	80	15	10/1	25
申绿 72	弱	5.12	110	18	10/8	18
中农 9 号	中	5.30	105	18	10/10	19
中农 19 号	中	5.75	100	18	10/6	24

从表 5.3 中看出,荷兰的戴多星和夏多星产量都较高,达到了 $30kg/m^2$ 以上,抗病性一般。国内育成的诸多品种中,由上海市农业科学院生产的碧玉水果黄瓜产量和抗病性都表现很好,产量达到了 $34kg/m^2$,超过了荷兰的两个品种。该品种为全雌性无限生长型,耐热性好,植株长势迅速;主蔓结瓜,瓜长 $16\sim18$ cm,单瓜重 $100\sim150$ g;果实圆柱形,颜色深绿,果肉厚,无籽,表面无瘤无刺,光滑均匀。并且碧玉的种子价格仅为引进品种的 1/10 左右,因此是可以推广应用的品种。其他国内育成的品种产量和抗病性都不及进口品种。

5.2.2　长周期黄瓜基质栽培的管理要点

根据碧玉黄瓜品种的优良性状表现,此后连续三年中,以碧玉品种为对象,进行了无土栽培试验,每年的产量基本保持在 35 kg/m^2 以上。根据试验的结果,总结出长周期黄瓜无土高产栽培技术,其要点如下:

(1)播种期。对于长周期无限生长型品种,适宜的播种期在 8 月 10 日左右,8 月 25 日左右定植,1 个月后就可以陆续采收上市。采收完毕的日期可以在 7 月上旬前后。播种期推迟和拉秧期提前,相应地都会造成产量下降。

(2)种植方式及营养液管理。在无机基质栽培条件下,所有 13 种植物必需的大量和微量元素都只能来自于营养液,因此必须使用标准的全价营养液,并且根据天气条件的变化和作物的生长情况在使用浓度上做动态调整。醋糟等有机基质中含有各种植物所需的营养液,采用有机基质栽培有利于营养液管理,提高基质的缓冲性能。根据葛婷婷等研究,用纯醋糟加 50%的营养液灌溉,与 100%营养液灌溉的珍珠岩基质相比,黄瓜的各项指标均无显著差异,但是由于节约了 1/2 的营养液,并且醋糟的成本远远小于珍珠岩,所以各项效益都提高。

(3)环境调控。目前一般生产性温室所采用的环境控制都是采用设定值的方法,而且控制的因素主要是温度,而补光等控制较少。从葛婷婷等中对作物生态适应性研究(第 3 章)来看,不同光强下所适宜的温度是不同的,如在阴雨天,即使温度控制在 $25\sim28℃$ 的作物生长适宜温度,但因为光强不足,光合速率仍然很低。因此,对环境的控制应该实行动态的管理。动态管理的主要依据是作物生长模型,其中简便可行的是作物光合作用与环境之间的统计模型,如根据本书式(4.5),只要测得当时的光强,就能计算出最适宜的温度控制值。这样不仅有利于提高产量,还能减少不必要的环境控制能耗。

(4)基质消毒。长周期黄瓜等主要作物,从 6 月底至 7 月上中旬收获后到下茬作物定植尚有 $40\sim50$ 天的时间。此时正值南方地区的高温季节,种植普通蔬菜因能耗高而经济效益不佳,因此许多温室实行休闲。在温室休闲期间,宜通过封闭温室的方式,对基质进行高温杀菌消毒,以利于下茬作物的生长。

5.3　温室果菜与叶菜多茬复种的初级生产力

两果两菜的复种方式是江南地区生产中常见的种植方式,在春夏季和夏秋季两个主要生长季节种植黄瓜、番茄等果菜类作物,在冬季和夏季种植生长期较短、适应性较强的叶菜类作物,以达到温室周年利用和高产高效的目的。本试验以"黄瓜-生菜-黄瓜-生菜"为例,进行果菜与叶菜周年四茬复种方式的温室初级生产力试验。

5.3.1　试验材料和方法

1) 供试品种

供试黄瓜品种为津优 1 号,由天津种润黄瓜研究所提供;供试生菜品种为意大利耐抽薹生菜,由广州惠研园艺种苗有限公司提供。

2) 试验地概况

于 2008 年 3 月～2009 年 3 月在江苏大学农业工程研究院试验温室内进行。黄瓜和生菜定植于温室栽培土槽内,栽培方式为土培,土培槽的纵切面为矩形,槽高 31 cm,槽宽 64 cm,槽长 17.4 m,槽间距 86 cm。各茬口定植前土壤养分含量见表 5.4。每茬栽培植株在温室内正常管理,设 3 个重复小区。黄瓜每小区按株行距 33 cm×100 cm 定植 2 行,每行 29 株,折合密度 5.5 株/m²。生菜株行距为 20 cm×25 cm,每茬 4 行,每行 50 株,折合密度 16.7 株/m²。各茬口具体栽培时期见表 5.5。

表 5.4　各茬口定植前土壤养分含量

土壤养分含量	春夏茬黄瓜定植前	夏茬生菜定植前	秋冬茬黄瓜定植前	冬春茬生菜定植前
$N/(\mu L/L)$	76.2	102.6	68.1	133.1
$P_2O_5/(\mu L/L)$	27.57	61.71	40.83	80.62
$K_2O/(\mu L/L)$	89.55	114.27	70.04	128.41

表 5.5　各茬口栽培时期

茬　次	播种期 (年-月-日)	定植日 (年-月-日)	拉秧期或收获期 (年-月-日)	播种-拉秧期或 收获期天数	定植-拉秧期或 收获期天数
春夏茬黄瓜	2008-3-9	2008-4-14	2008-7-13	126	90
夏茬生菜	2008-6-20	2008-7-15	2008-8-19	60	35
秋冬茬黄瓜	2008-8-2	2008-8-21	2008-12-27	147	128
冬春茬生菜	2008-10-10	2009-1-1	2009-2-28	140	59

3) 施肥概况

各茬口根据养分平衡法计算的结果进行施肥。黄瓜按每 100 kg 果实吸收氮 290 g、P_2O_5 100 g 和 K_2O 400 g[2]计算,生菜按每 100 kg 植株吸收氮 253 g、P_2O_5 120 g 和

K_2O 450 g[2]计算。春夏茬黄瓜、秋冬茬黄瓜的目标产量分别为 9000 kg/亩[①]和 11 200 kg/亩,于定植前各施猪粪肥 5000 kg/亩。夏茬生菜和冬春茬生菜不施有机肥,无机肥施用量根据养分平衡法[3]进行计算,目标产量分别为 3250 kg/亩和 3700 kg/亩。猪粪肥养分含量分别为氮 0.56%、P_2O_5 0.4%、K_2O 0.44%、有机质 15%。经计算得出各茬口施用有机肥和无机肥中的速效养分见表 5.6。

表 5.6　各茬口施用有机肥和无机肥中的速效养分(kg/亩)

作　物	施氮量		施磷量		施钾量	
	有机肥	无机肥	有机肥	无机肥	有机肥	无机肥
春夏茬黄瓜	17.81	14	4.85	10	20.85	11
夏茬生菜	0.84	0	0.2	0	0.91	0
秋冬茬黄瓜	23.8	14	5.76	10	30.31	11
冬春茬生菜	2.4	0	0.93	0	9.2	0

4) 环境调控情况

考虑到生产上采用两果两菜的种植方式,冬季果菜育苗期间温室种植耐寒的叶菜类,基本不进行主动加温。所以本试验中的环境控制主要是通过开闭天窗、卷帘、遮阳网等方式进行保温、通风、降湿、散热、遮光等,但在黄瓜生长后期高温情况下使用湿帘风机降温设备。

5) 数据采集与测定

鲜重与产量:黄瓜于定植 10 天后每隔 10 天采样,每次随机取 3 株。以单株为单位,分别收集植株各生长阶段的根、茎、叶、花果等不同器官的样品。生菜于定植后 10 天开始取样,以后每间隔 5 天取一次,每次随机取 3 株,以单株为单位分别收集生菜根、茎、叶等部位的样品。

干重:黄瓜和生菜样品均于采集洗涤后立即置于 110℃ 电热烘干箱中杀青 20 min后,于 75℃ 烘至恒重并称量,测得其干重,3 次重复取均值。

干重热值测定:用上海昌吉公司生产的 XRY-1B 微型氧弹式热量计测定样品各器官的热值,重复测量 3 次,对每次重复取均值后分析。

5.3.2　温室黄瓜与生菜一年四熟的净初级生产力

黄瓜与生菜一年四茬复种方式的净初级生产力测定结果如表 5.7 所示。从表中可见,两茬黄瓜的生物量鲜重产量为 27.48 kg/m²,两茬生菜的鲜重产量为 8.05 kg/m²,四茬合计达到 35.53 kg/m²,其中经济器官的产量达到了 23.59 kg/m²,与生产上

---

① 1 亩 ≈ 667 m²,后同。

不配备环境控制装备的连栋温室产量基本相当,是一般露地蔬菜的 2.5 倍以上。该复种方式中,黄瓜是主要作物,占用了春秋两个主要生长季节,而生菜则是在不适宜黄瓜生长的冬天寒冷季节和夏天高温季节作为填闲作物,使得周年土地充分利用,初级生产力达到较高的水平。

表 5.7　实验温室黄瓜生菜四茬复种方式净初级生产力

项　目	单株鲜重 /(kg/株)	单位面积鲜重 /(kg/m²)	经济器官鲜重 /(kg/m²)	单株干重 /(g/株)	单位面积干重 /(g/m²)
春夏茬黄瓜	2.165	11.91	7.38	172.25	947.38
夏茬生菜	0.221	3.69	3.03	6.22	103.87
秋冬茬黄瓜	2.831	15.57	9.65	204.03	1122.17
冬春茬生菜	0.261	4.36	3.53	9.55	159.48
合计	—	35.53	23.59	—	2332.89

蔬菜作物尽管单位面积的鲜重产量高,但由于含水量高、干物质含量较低,所以与一般水稻、小麦、玉米等禾谷类作物相比,露地蔬菜生产的干物质生产能力明显偏低。在本试验中,黄瓜与生菜一年四茬复种的净初级生产力用干重表示为 2332.89 g/m^2,即每亩干物质产量达到了 1556 kg。与禾谷类作物相比,若按照经济系数 0.6 计算,相当于 933 kg 的粮食产量,接近于吨粮。说明温室栽培后,可以大大提高蔬菜作物的土地生产力。

本试验中两果两菜的复种方式产量达到 23.59 kg/m^2,与生产上玻璃自控连栋温室水平相当,但与 5.2.1 中的长周期黄瓜碧玉品种及荷兰进口品种相比,产量要低 31.4%～44.1%。主要原因是长周期黄瓜的果实采收期长,同时长周期黄瓜栽培期间冬季有加温控制,整个生育期中的积温条件好。因此,发展现代化环控温室及采用相应的长周期品种,是提高温室生产力的首选技术途径。

5.3.3　温室黄瓜和生菜的干物质分配和积累规律

1. 黄瓜植株干重积累与分配

1) 干重积累和分配规律

以春夏茬为例来说明温室黄瓜植株干重积累和分配规律。各采样日黄瓜果实干物质在主要器官积累和分配,见表 5.8。从表中看出,生长前期(苗期和初花期)黄瓜植株生长量较小,干物质积累少,进入结果期迅速增加。苗期和抽蔓期干物质积累量为叶>茎>根,花期和初果期为叶>茎>花果>根,盛果期和末果期为花果>叶>茎>根。从盛果前期开始,花果的干物质积累量已经超过其他器官,说明生长发育中心由营养器官向生殖器官转移。在整个生育期,植株的根系干物质积累缓慢,在全株的比例呈不断下降趋势。秋冬茬黄瓜植株干重积累和分配规律与此类似。

表 5.8　温室春夏茬黄瓜单株干物质在不同器官的积累和分配

| 生育阶段 | 采样日(月/日) | 根 | | 茎 | | 叶 | | 果(花) | | 单株总干重/(g/株) | 单位面积干重/(g/m²) |
		干重/(g/株)	比例/%	干重/(g/株)	比例/%	干重/(g/株)	比例/%	干重/(g/株)	比例/%		
苗期	4/24	0.166	3.84	1.08	25.03	3.07	71.13	—	—	4.32	23.76
抽蔓期	5/4	0.235	2.23	1.49	14.19	8.80	83.58	—	—	10.52	57.86
花期	5/14	0.40	1.75	7.14	31.00	15.02	65.21	0.47	2.04	23.03	126.67
初果期	5/24	0.69	1.75	10.71	27.01	19.49	49.15	8.76	22.09	39.65	218.08
	6/3	1.18	1.85	14.99	23.62	21.19	33.38	26.12	41.15	63.48	349.14
盛果期	6/13	1.34	1.46	17.45	19.04	23.61	25.76	49.26	53.74	91.66	504.13
	6/23	1.68	1.38	18.46	15.19	28.22	23.21	73.20	60.22	121.56	668.58
末果期	7/3	2.16	1.44	21.86	14.54	35.09	23.34	90.22	60.68	149.33	821.31
	7/13	2.38	1.38	24.91	14.46	38.76	22.50	106.20	61.65	172.25	947.38

2) 干物质增长速率

为了分析温室作物生长变化规律,这里引入生长分析法中的绝对增长速率(AGR)对干物质增长速率进行分析,干物质绝对增长率和累积绝对增长速率可表示如下:

$$AGR_{i+1} = (DW_{i+1} - DW_i)/(t_{i+1} - t_i) \tag{5.3}$$

式中,DW_{i+1}、DW_i 分别为 t_{i+1}、t_i 时刻的植物干重;AGR_{i+1} 为 t_{i+1} 时刻干物质绝对增长速率。下面以春夏茬黄瓜为例来分析温室作物绝对增长速率。

黄瓜春夏茬干物质绝对增长速率(AGR)如图 5.2 所示。从图中可知,温室黄瓜自出苗至初花期,干物质绝对增长速率 AGR≥0,表明此期间干物质呈积累上升状态,表现在种群株高、茎长等不同程度地增加。温室黄瓜干物质绝对增长速率到盛果后期出现一个极大值 16.45 g/(m²·d),然后干物质绝对增长速率有所下降。温室黄瓜的干物质绝对增长速率 AGR 呈单峰变化曲线。

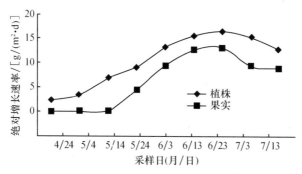

图 5.2　温室黄瓜春夏茬干物质绝对增长速率

2. 生菜植株干重积累和分配

1）干重积累和分配规律

以夏茬生菜来说明生菜干物质积累和分配规律。根据试验得出夏茬温室生菜干物质的主要器官积累和分配见表 5.9。从表中看出，生长前期即生长期为 50 天之前生菜植株生长量较小，干物质积累少，进入后期即生长期为 50 天之后生物量迅速增加。叶干物质在整个植株干重中占绝大部分比例，叶干物质夏茬所占比例达 81.15% 以上。

表 5.9　夏茬生菜单株干物质在不同器官的积累和分配

生育天数	采样日（月/日）	根		茎		叶		单株总干重/(g/株)	单位面积干重/(g/m²)
		干重/(g/株)	比例/%	干重/(g/株)	比例/%	干重/(g/株)	比例/%		
40	7/25	0.027	6.00	0.034	7.56	0.389	86.44	0.45	7.52
45	7/30	0.078	7.48	0.11	10.55	0.855	81.98	1.043	17.42
50	8/4	0.125	5.24	0.245	10.27	2.016	84.49	2.386	39.85
55	8/9	0.202	5.34	0.44	11.63	3.142	83.03	3.784	63.19
60	8/14	0.27	5.13	0.503	9.56	4.486	85.30	5.259	87.83
65	8/19	0.447	7.18	0.726	11.67	5.05	81.15	6.2231	104.01

2）干物质增长速率

生菜夏茬干物质绝对增长速率（AGR）如图 5.3 所示。由图可知，温室生菜自定植至采取，干物质绝对增长速率 AGR≥0，表明此期间干物质呈累积上升状态。7 月 25 日～8 月 4 日为快速增长期，此时，AGR 曲线快速上升，8 月 4 日～8 月 14 日增长速率放缓，直至生长期为 60 天的 8 月 14 日出现一个极大值 4.49 g/(m²·d)，然后干物质绝对增长速率有所下降。温室生菜的干物质绝对增长速率 AGR 亦呈单峰变化趋势。

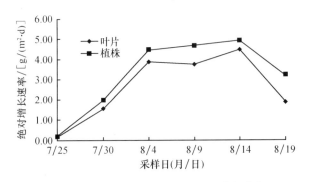

图 5.3　温室生菜夏茬干物质绝对增长速率

5.3.4　温室黄瓜初级生产积累率二阶差分模型

目前对于描述生物量增长的动态特性的研究主要采用 Logistic 模型及其修正模型[5-9]，长期以来都未有新的解释性模型产生。另外，人们对许多差分方程及其特性进行了大量探索，但更多的只是从数学上进行研究，应用于实践的很少[10-13]。鉴于此，本章构建了二阶差分模型，来模拟初级生产即作物生物量积累率特性。

1. 模型构建

以干重表示生物量，设 t 时刻作物干重为 D_t，整个生育期内最大干重潜力为 M，则 t 时的干重积累率为 $x_t = \dfrac{D_t}{M}$，$(t=1,2,3,\cdots,n)$。构建作物干重积累率 x_t 的离散模型如下：

$$x_{t+2} = \frac{1 + x_{t+1}^k x_t^l}{x_{t+1}^k + x_t^l} \tag{5.4}$$

式中，k,l 为参数，$kl<0$；$0<x_t(t=-1,0,1,\cdots,n)$；x_{-1},x_0 为初值。

2. 模型性质

下面主要研究二阶差分模型式(5.4)的有界性、单调性与全局渐近稳定性。

1) 正平衡点

二阶差分模型式(5.4)的正平衡点满足：

$$\bar{x} = \frac{1 + \bar{x}^{k+l}}{\bar{x}^k + \bar{x}^l} \tag{5.5}$$

从式(5.5)中，可以得到唯一的正平衡点为 $\bar{x}=1$。

2) 有界性、单调性

定理 5.1　设式(5.4)的正解为 $\{x_t\}_{t=-1}^{\infty}$，则有以下结论：

$$0 < x_{t+2} < 1 \tag{5.6}$$

该结论显而易见，略去证明。定理 5.1 说明二阶差分模型式(5.4)具有有界性。

定理 5.2　设式(5.4)的正解为 $\{x_t\}_{t=-1}^{\infty}$，若 $l>0$，且 $-1<k<0$，或 $l<0$，且 $0<k<1$，则有以下结论：

$$x_{t+2} - x_{t+1} > 0 \tag{5.7}$$

证明：由式(5.4)可得

$$x_{t+2} - x_{t+1} = \frac{x_t^l(x_{t+1}^k - x_{t+1}) + (1 - x_{t+1}^{k+1})}{x_{t+1}^k + x_t^l} \tag{5.8}$$

① 当 $l>0$，且 $-1<k<0$ 时，由定理 5.1 和幂函数的性质，可得 $x_t^l>0$，$x_{t+1}^k>1>x_{t+1}$，$x_{t+1}^{k+1}<1$。因此式(5.8)为正，结论成立。

② 当 $l<0$，且 $0<k<1$ 时，由定理 5.1 和幂函数的性质，可得 $x_t^l>1$，$x_{t+1}^k>x_{t+1}$，$x_{t+1}^{k+1}<1$。因此式（5.8）为正，结论亦成立。

根据①、②，定理得证。

定理 5.2 说明二阶差分模型式（5.4）在一定条件下是单调的。

3）全局渐近稳定性

为了证明二阶差分模型式（5.4）的全局渐近稳定性先证明一个引理。

引理 5.1　设式（5.4）的正解为 $\{x_t\}_{t=-1}^{\infty}$，若 $k>0$，且 $-1<l<0$，或 $k<0$，且 $0<l<1$，则有以下结论：

$$x_{t+2}-x_t>0 \tag{5.9}$$

证明：由式（5.4）可得

$$x_{t+2}-x_t=\frac{x_{t+1}^k(x_t^l-x_t)+(1-x_t^{l+1})}{x_{t+1}^k+x_t^l} \tag{5.10}$$

① 当 $k>0$，且 $-1<l<0$ 时，由定理 5.1 和幂函数的性质，可得 $x_{t+1}^k>0$，$x_t^l>1>x_t$，$x_t^{l+1}<1$。因此式（5.10）为正，结论成立。

② 当 $k<0$，且 $0<l<1$ 时，由定理 5.1 和幂函数的性质，可得 $x_{t+1}^k>1$，$x_t^l>x_t$，$x_t^{l+1}<1$。因此式（5.10）为正，结论亦成立。

根据①、②，引理得证。

定理 5.3　$x_{t+2}=\dfrac{1+x_{t+1}^k x_t^l}{x_{t+1}^k+x_t^l}$ 的平衡点 $\bar{x}$ 是局部渐近稳定的。

证明：$x_{t+2}=\dfrac{1+x_{t+1}^k x_t^l}{x_{t+1}^k+x_t^l}$ 关于正平衡点 $\bar{x}=1$ 的线性化方程为

$$x_{t+2}=0\cdot x_{t+1}+0\cdot x_t,\quad t=-1,0,1,\cdots$$

因此，根据 Amleh 的研究[14]，容易得出式（5.4）的正平衡点 $\bar{x}=1$ 是局部渐近稳定的。结论得证。

定理 5.4　当下列条件之一成立时，$x_{t+2}=\dfrac{1+x_{t+1}^k x_t^l}{x_{t+1}^k+x_t^l}$ 的平衡点 $\bar{x}$ 是全局渐近稳定的。

i　$l>0$，且 $-1<k<0$；

ii　$l<0$，且 $0<k<1$；

iii　$k>0$，且 $-1<l<0$；

iv　$k<0$，且 $0<l<1$。

证明：我们必须证明式（5.4）的正平衡点 $\bar{x}$ 既是具有局部渐近稳定性，又具有全局吸引性，定理 5.3 已证明了式（5.4）的正平衡点 $\bar{x}$ 具有局部渐近稳定性，因此，只需证明 $\bar{x}$ 具有全局吸引性，即只需证明当 $t\to\infty$ 时，式（5.4）的任意一组解 $\{x_t\}_{t=-1}^{\infty}\to\bar{x}$，也就是证明下式：

$$\lim_{t \to \infty} x_t = \bar{x} = 1 \tag{5.11}$$

下面予以证明：

i 若 $l > 0$，且 $-1 < k < 0$，则根据定理 5.1 和定理 5.2，$\{x_{t_0+t}\}_{t=0}^{\infty}$（$t_0$ 为正整数）是单调递增且有上界 1 的数列，因此，x_{t_0+t} 的极限存在，设 $\lim\limits_{t \to \infty} x_{t_0+t} = p \leqslant 1$。根据式 (5.4) 可得

$$x_{t_0+t+2} = \frac{1 + x_{t_0+t+1}^k x_{t_0+t}^l}{x_{t_0+t+1}^k + x_{t_0+t}^l}$$

对上式两边取极限可得

$$p = \frac{1 + p^{k+l}}{p^k + p^l} \Leftrightarrow p - 1 = \frac{(1 - p^k)(1 - p^l)}{p^k + p^l}$$

因此，$p = 1$。

ii 当 $l < 0$，且 $0 < k < 1$ 时，证明方法同 i。

iii 当 $k > 0$，且 $-1 < l < 0$ 时，根据定理 5.1 和引理 5.1，$\{x_{t_0+2t}\}_{t=0}^{\infty}$（$t_0$ 为正整数）是单调递增且有上界 1 的数列，因此，x_{t_0+2t} 的极限存在，设 $\lim\limits_{t \to \infty} x_{t_0+2t} = A \leqslant 1$。同理可得出 $\lim\limits_{t \to \infty} x_{t_0+2t+1} = B \leqslant 1$。根据式 (5.4) 可得

$$x_{t_0+2t+2} = \frac{1 + x_{t_0+2t+1}^k x_{t_0+2t}^l}{x_{t_0+2t+1}^k + x_{t_0+2t}^l} \tag{5.12}$$

$$x_{t_0+2t+1} = \frac{1 + x_{t_0+2t}^k x_{t_0+2t-1}^l}{x_{t_0+2t}^k + x_{t_0+2t-1}^l} \tag{5.13}$$

对式 (5.12) 和式 (5.13) 两边分别取极限可得

$$A = \frac{1 + B^k A^l}{B^k + A^l} \Leftrightarrow A - 1 = \frac{(1 - B^k)(1 - A^l)}{B^k + A^l} \tag{5.14}$$

$$B = \frac{1 + A^k B^l}{A^k + B^l} \Leftrightarrow B - 1 = \frac{(1 - A^k)(1 - A^l)}{A^k + A^l} \tag{5.15}$$

由 $0 < A \leqslant 1$，$0 < B \leqslant 1$ 及式 (5.14) 与式 (5.15) 可知 $A = B = 1$。

iv 当 $k < 0$，且 $0 < l < 1$ 时，证明方法同 iii。

根据 i、ii、iii、iv 定理得证。

3. 温室黄瓜初级生产积累率的二阶差分模型

下面以温室春夏茬黄瓜为例分析温室作物干重积累率的二阶差分模型并分析其特点。

1) 温室黄瓜初级生产积累率计算值

采用 5.3.3 中试验数据，以干物质为指标，对于黄瓜的初级生产积累率进行了计算。由于对于黄瓜整个生育期最大干重潜力 M 难以通过试验得到，因此本章用 Logistic 模型法求 M。根据表 5.8 中各生长期与相应干重，采用非线性最小二乘

法可拟合出 Logistic 模型为

$$D_t = 205.2/[1 + (448.9 - 1) \times e^{-0.061\,81t}]$$

式中，D_t 为待计算的单株干重；t 为该生育阶段的干重积累率。

根据该模型，可认为最大干重 M 为 205.2 g/株。根据表 5.8 及最大干重 M 计算出相应干重积累率见表 5.10。

表 5.10　温室黄瓜干重积累率

项　目	生长时长/天								
	45	55	65	75	85	95	105	115	125
干重 D_t/(g/株)	4.32	10.52	23.03	39.65	63.48	89.66	121.56	149.33	172.25
干重积累率 x_t	0.0210	0.0513	0.1122	0.1932	0.3094	0.4369	0.5924	0.7277	0.8394

2）温室黄瓜初级生产积累率的二阶差分模型

利用 MATLAB 编程对表 5.10 中的温室黄瓜干重积累率采用式(5.4)进得拟合得到式(5.16)，根据测量值与拟合值作图[图 5.4(a)]。

$$x_{t+2} = \frac{1 + x_{t+1}^{-0.7189} x_t^{3.0764}}{x_{t+1}^{-0.7189} + x_t^{3.0764}} \tag{5.16}$$

拟合值与实测值的拟合优劣可用式(5.17)求出：

$$x_t' = \alpha + \beta x_t \tag{5.17}$$

式中，x_t 代表测量值，x_t' 代表相应的二阶差分模型拟合值。对式(5.17)进行线性回归，求出 R^2 和残差标准误差 RSE，就可以判断出拟合程度。

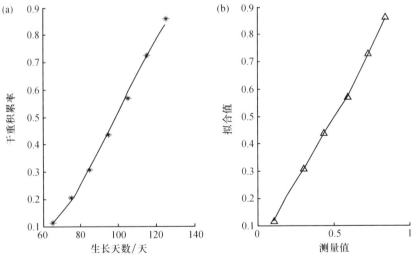

图 5.4　实验温室黄瓜干重积累率二阶差分模型拟合

(a) 二阶差分模型拟合；(b) 拟合值与测量值线性回归

本例求出 $\alpha = 0.003\,555$，$\beta = 0.9975$，$R^2 = 0.9970$，RSE $= 0.0149$，可见，拟合效果很好。x_t 与 x_t' 的线性关系图如图 5.4(b)所示。

3）温室黄瓜干重积累率的二阶差分模型性质

从式(5.16)中可得 $k=-0.7189$，$l=3.0764$，根据定理 5.2 可知，该模型具有递增性，干重积累率在栽培期内未下降，符合作物生长规律。作物生物量积累过程一般会经历加速增长和减速增长两个阶段，温室作物也不例外，用二阶差分模型可以反映黄瓜植株增长特点，通过式(5.16)计算可得，在生长时长 115 天以前，其增长速度是加速的，自此以后，干重积累率增速变缓。

根据式(5.16)中 $k=-0.7189$，$l=3.0764$，由定理 5.2 可知温室黄瓜生物量干物质积累具有全局渐近稳定性。根据式(5.16)用 MATLAB 仿真，其干重积累率趋势图如图 5.5 所示。从图 5.5 可以看出黄瓜生物量干物质积累率最终趋于正平衡点 1。温室作物的生物量干物质积累全局渐近稳定性表明其干物质积累运动轨迹具有向着某一终点变动的趋势，这符合植物生长规律。根据这一规律，在栽培管理上当接近平衡点附近时就采收完毕可以以尽可能短的生长期获得较大的初级生产力。

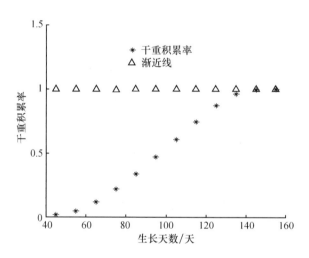

图 5.5　实验温室黄瓜干重积累率趋势

4）温室黄瓜干重积累率的二阶差分模型与 Logistic 模型比较

根据表 5.10 中温室黄瓜生长时长和相应干重积累率拟合出 Logistic 模型见式(5.18)，其拟合优度为 0.9960，残差标准误差 RSE 为 0.0184，式(5.18)也具有全局渐近稳定的特点。Logistic 模型、二阶差分模型拟合图如图 5.6 所示。

$$x_{t+1} = x_t + 0.6233 x_t (1 - x_t) \tag{5.18}$$

根据温室黄瓜干重积累率的二阶差分模型与 Logistic 模型得出有关性质和参数见表 5.11。从表中看出，根据二阶差分模型与 Logistic 模型得出的黄瓜干重积累率的单调性、增长速率与实际较相符，也都能得出干重积累过程具有全局渐近稳定性的结论，但由二阶差分模型得出的增长加速度性质与实际更接近。同时，二阶差分模型的拟合优度、最大绝对误差、最大相对误差和残差标准误差均优于 Logistic 模型,因此,在本实验条件下二阶差分模型比 Logistic 模型的拟合效果好,也更好地说明了黄瓜干重积累的增长变化特征。

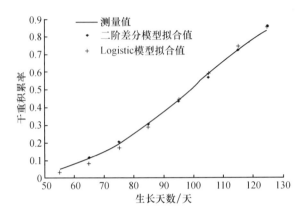

图 5.6　黄瓜干重积累率的二阶差分模型与 Logistic 模型拟合

表 5.11　黄瓜干重积累率的二阶差分模型与 Logistic 模型性质及参数比较

性质或参数	二阶差分模型	Logistic 模型	实　测
单调性	取样期内递增	取样期内递增	取样期内递增
增长速率	取样期内大于 0	取样期内大于 0	取样期内大于 0
增长加速度	生长时长约为 115 天大于 0,之后小于 0	生长时长约为 95 天前大于 0,95～105 天小于 0,105～115 天大于 0,115～125 天小于 0	生长时长约为 105 天前大于 0,之后小于 0
稳定性	全局渐近稳定	全局渐近稳定	—
拟合优度	0.9994	0.9960	—
最大绝对误差	0.0224	0.0306	—
最大相对误差/%	2.67	3.64	—
残差标准误差	0.0011	0.0184	—

参 考 文 献

[1]　连兆煌. 无土栽培原理与技术. 北京:中国农业出版社,1994.
[2]　李萍萍. 生菜无土栽培的营养液调控技术. 长江蔬菜,1999,(4):34、35.
[3]　邹志荣. 温室大棚建造与管理新技术. 杨凌:西北农林科技大学出版社,2000.
[4]　陈贵林. 蔬菜温室建造与管理手册. 北京:中国农业出版社,2000.
[5]　Cunningham W J. A nonlinear differential-difference equation of growth. Proceedings of the National Academy of Sciences,1954,40:708-713.
[6]　Smith F E. Population dynamics in Daphnia magna and a new model for population growth.

Ecology,1963,44:651-663.

[7]　王如松,兰仲雄,丁岩钦.昆虫发育速度与温度关系的数学模型的研究.生态学报,1982,2
　　　(1):11-14.

[8]　崔启武,Lawson G.一个新的种群增长数学模型——对经典的 Logistic 方程和指数方程的
　　　扩充.生态学报,1982,2(4):403-414.

[9]　李石涛,李冬梅,曲国坤.一类具有收获的离散单种群模型稳定性与混沌.哈尔滨理工大学
　　　学报,2006,11(6):78-80.

[10]　Li X Y. Qualitative properties for a fourth-order rational difference equation. Journal of
　　　Mathematical Analysis and Applications,2005,311(1):103-111.

[11]　Li X Y,Zhu D M. Global asymptotic stability in a rational equation. Journal of Difference
　　　Equations and Applications,2003,9(9):833-839.

[12]　Rhouma M B,El-Sayed M A,Khalifa A K. On a(2,2)-rational recursive sequence. Ad-
　　　vances in Difference Equations,2005,3:319-332.

[13]　Li D S,Li P P,Li X Y. Dynamical Properties for a Class of Fourth-Order Nonlinear Differ-
　　　ence Equations. Advances in Difference of Equations,2008,(1):1-13.

[14]　Amleh A M,Georgia D A,Grove E A,et al. On the recursive sequence $x_{n+1}=\alpha+\dfrac{x_{n-1}}{x_n}$.
　　　Journal of Mathematical Analysis and Applications,1999,233:790-798.

第6章　温室生态经济系统的
能量转化效率

　　能量是所有生命运动的基本动力,能量的流动维系着整个生态系统的生命。能量的传递和转化是自然界物质运动的基本规律,也是温室生态经济系统的基本功能之一。温室生产的目的就是通过投入各种人工辅助能,创造作物生长的适宜条件,使温室作物在光合作用中将更多日光能转化为生物能,供人类使用。如同一般农业生态经济系统一样,在将日光能同化为化学能的过程中,能量流动是耗散的,然而耗散的数量及比例不同。本章对温室生态经济系统能量流动特点进行分析,为提高温室的能量流动效率提供依据。

6.1　温室生态经济系统能量流动概述

　　温室生态经济系统的能量流动,是指各种形态的能量在温室生态经济系统内部及系统间的流动状况及其动态传递。与农业生态经济系统一样,温室生态经济系统的能量来源于太阳能和人工辅助能。

　　在由波长 $150\sim4000$ nm 的电磁波组成的太阳辐射能中,$380\sim760$ nm 波长的可见光占 $40\%\sim50\%$,是植物光合作用的原初动力,称为生理有效辐射。温室内的绿色植物在可见光的作用下,通过光合作用把太阳能转化为化学能储存在合成的有机物中,随着作物的生长有机物不断积累,最终随着产品收获而将能量输出到系统外。

　　人工辅助能的投入是维持温室生态经济系统所必需的。其中,人力、种苗、有机肥料等生物辅助能的投入与一般农业生态系统基本相同,而以石油、煤、天然气、电等形式投入的直接工业辅助能和以化肥、农药、钢材、农用塑料等产品形式投入的间接工业辅助能则显著高于一般农业生态系统。辅助能的投入可以改善温室作物的生活环境,促进作物的光合作用,提高光能利用效率;同时,辅助能可以改变温室生态经济系统中各种生物组分的比例关系,削弱温室优势生物所遭遇的竞争压力,减少因病、虫、杂草危害造成的损失,提高温室优势生物产品的产出量。所以,温室生态经济系统的实质是通过大量工业辅助能的投入创造作物生长的适宜环境,提高土地的生产力和生物能产出量。

6.2　温室生态经济系统能流模型

　　温室生态经济系统能量流动模型如图 6.1 所示。从图中可以看出,温室生态经济系统能量流动的过程是一个单向过程,主要由能量投入、能量转换和能量输出三个阶段组成。

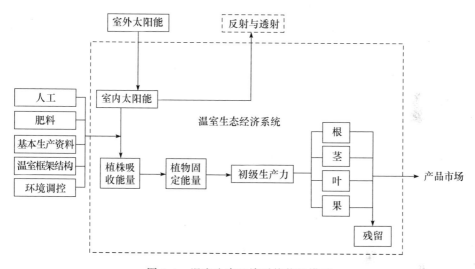

图 6.1　温室生态经济系统能量模型

　　(1) 能量投入:太阳能和人工辅助能向温室生态经济系统的投入。人工辅助能投入包括人工投入、基本生产资料投入(如种子与农药)、肥料投入、温室框架结构投入和环境调控投入(如燃油与电等)。

　　(2) 能量转换:温室植物利用自然光能和人工辅助能,通过光合作用合成有机物,形成初级生产力的过程。

　　(3) 能量输出:温室植物中所含有的能量随着产品收获被带出温室生态经济系统,向系统外输出能量。

6.3　温室蔬菜能量转化效率试验研究

　　温室生态经济系统人工辅助能转化率用作物产量的能量等价物与投入的人工辅助能之比即能量产投比来反映,能量产投比越大表明温室作物对人工辅助能的利用程度就越高。温室生态系统的能量转化效率包括温室作物对太阳能的利用率和对人工辅助能的转化率。为计算能量转化效率,必须对作物的热值、能量的产出、各种辅助能的投入及能量折算方法等进行详细的分析。

6.3.1　温室蔬菜的热值变化动态

作物的热值(caloric value)反映了绿色植物在光合作用中固定太阳辐射能的能力,它是能量的尺度,也是衡量第一性生产力及评价生态系统中物质循环和能量转化规律的重要指标[1,2]。采用5.2节中黄瓜与生菜一年四茬复种方式的试验,对春夏茬黄瓜和夏茬生菜的热值变化动态进行了测定。

1) 黄瓜热值变化动态

温室黄瓜春夏茬根、茎、叶、果(花)等主要器官和全株的热值如表6.1所示。从表中可见,黄瓜各主要器官的干重热值存在着一定的差异。根部干重热值仅为10 002~10 273 J/g,明显低于地上部器官;在地上部器官中,叶片的干重热值最低,为13 885~14 324 J/g,而果的干重热值最高,为17 082~17 516 J/g,茎的干重热值居中。不同的器官,其干重热值都有随生育期进程逐步上升的趋势,所以黄瓜全株的干重热值也有上升趋势,但变化较平缓,生育后期的干重热值比前期提高了约8%。

表 6.1　春夏茬黄瓜主要器官的干重热值(J/g)

采样日(月/日)	根	茎	叶	果(花)	全株*
4/24	10 002±143	16 284±338	13 885±320	—	14 327±301
5/4	10 068±104	16 307±369	13 968±171	—	14 213±158
5/14	10 180±197	16 295±188	13 900±138	13 913±297	14 578±148
5/24	10 120±243	16 326±328	14 065±415	17 082±312	15 273±277
6/3	10 095±159	16 358±203	14 193±240	17 208±234	15 869±224
6/13	10 009±271	16 365±235	14 138±145	17 103±252	16 071±192
6/23	10 072±138	16 451±258	14 287±309	17 233±340	16 331±230
7/3	10 114±226	16 547±216	14 324±129	17 305±365	16 395±173
7/13	10 273±225	16 555±313	14 304±224	17 516±204	16 552±212

* 全株的热值为各器官热值的加权平均数,权重为其干重百分比。

2) 生菜热值变化动态

温室生菜夏茬根、茎、叶等主要器官和全株的热值如表6.2所示。生菜植株的干重热值也随着生长进程而略有提高,但变化较平缓,全株干重热值平均变化为16 600~17 509 J/g。不同器官的干重热值也存在着一定的差异。根部干重热值为13 582~13 719 J/g,明显低于茎部和叶部;叶的干重热值最大,一直在17 108 J/g以上,远远超过根和茎,且随着生育期进程呈逐步上升趋势,所以导致生菜的干重热值整个生长期内呈现上升趋势,但差异较小,变幅仅在4%以内。

与黄瓜的热值相比,生菜茎的热值比黄瓜茎的热值低得多,而叶片和根的热值却远远高于黄瓜叶片和根的热值,生菜全株的热值也比黄瓜要高10%以上。这可能是作物品种的固有特性,因为不同的作物中所含有的脂肪、蛋白质和碳水化合物的比例不同。

表6.2 夏茬生菜主要器官的干重热值(J/g)

采样日(月/日)	根	茎	叶	全株*
7/25	13 582±187	14 600±117	17 108±119	16 705±146
7/3	13 655±197	14 646±174	17 121±209	16 600±171
8/4	13 716±270	14 578±145	17 357±145	16 882±139
8/9	13 719±253	14 677±112	17 900±190	17 302±178
8/14	13 663±454	14 720±130	18 052±120	17 509±131
8/19	13 700±349	14 732±106	18 024±145	17 330±134

* 全株的热值为各器官热值的加权平均数,权重为其干重百分比。

6.3.2 温室作物能量产出

1. 温室不同作物的能量增长动态

植物的能量现存量是植物活体中所含有的能量,即植物的生物量乘以该植物的热值。通过能量现存量来反映能量绝对增长速率,可用下式表示

$$EAR = (E_{i+1} - E_i)/(t_{i+1} - t_i) \tag{6.1}$$

式中,EAR为能量绝对增长速率;E_{i+1}、E_i分别为t_{i+1}、t_i时刻的能量现存量。

根据表5.8和表5.9的各采样日干重和表6.1、表6.2所示的相应热值,可以分别求出温室黄瓜和生菜在单位面积上的植株能量现存量,据此便可求出黄瓜和生菜的能量增长动态,如表6.3和表6.4所示。

表6.3 春夏茬黄瓜能量增长动态

采样日 (月/日)	生长天数 /天	热值系数 /(J/g)	单株累计干重 /(g/株)	单位面积累计 干重/(g/m²)	能量现存量 /(kJ/m²)	能量绝对增长速率 /[kJ/(m²·天)]
4/24	45	14 327	4.32	23.76	340.31	7.56
5/4	55	14 213	10.52	57.86	822.70	48.24
5/14	65	14 578	23.03	126.67	1 846.54	102.38
5/24	75	15 273	39.65	218.08	3 330.73	147.61
6/3	85	15 869	63.48	349.14	5 540.50	220.35
6/13	95	16 071	91.66	504.13	8 101.87	306.45
6/23	105	16 331	121.56	668.58	10 918.57	229.53
7/3	115	16 395	149.33	821.31	13 465.37	250.98
7/13	125	16 552	172.25	947.38	15 681.33	212.07

表 6.4　夏茬生菜能量增长动态

日期(月/日)	生长天数/天	热值系数/(kJ/g)	生物量干重/(g/m²)	能量现存量/(kJ/m²)	能量绝对增长速率/[kJ/(m²·天)]
7/25	40	16 705	7.52	125.55	3.14
7/30	45	16 600	17.42	289.15	32.72
8/4	50	16 882	39.85	672.64	76.70
8/9	55	17 302	63.19	1 093.36	84.14
8/14	60	17 509	87.83	1 537.64	88.86
8/19	65	17 330	104.01	1 802.44	52.96

　　温室黄瓜在生长日为 95 天后生物量与能量进入快速积累阶段。其中,生物量绝对生长速率与能量增长率同步,均在盛果期达到最高,以后生物量绝对生长速率与能量增长率均呈逐步下降趋势。在每平方米样地上,日能量增长达 306.45 kJ/(m²·d)。

　　温室夏茬生菜的生物量绝对生长速率与能量增长率均在生长期为 60 天左右时最高,以后呈下降趋势。在每平方米样地上,最高日均能量增长达 88.86 kJ/(m²·d)。

　　借鉴春夏茬黄瓜和夏茬生菜的热值系数,根据表 5.7 所示的生物量干重数据,同样可以计算出秋冬茬黄瓜和冬春茬生菜的能量积累。

2. 温室周年四茬复种的能量产出

1) 温室黄瓜能量产出

　　温室两茬黄瓜的分器官的能量产出情况如表 6.5 所示。从表中看出,春夏茬黄瓜吸收利用太阳能和人工辅助能而形成生物产量的总能量为 10 345 MJ/亩,而秋冬茬黄瓜达到 12 345 MJ/亩。在总的能量中,经济产量的能量即黄瓜果实所含部分占大部分,春夏茬黄瓜为 6710 MJ/亩,秋冬茬黄瓜达到 8466 MJ/亩,其比例分别为 64.86% 和 68.58%。

表 6.5　温室黄瓜能量产出

项　目	春夏茬黄瓜		秋冬茬黄瓜	
	能量/(MJ/亩)	比例/%	能量/(MJ/亩)	比例/%
根能量	90	0.87	97	0.79
茎能量	1 512	14.62	1 683	13.63
叶能量	2 033	19.65	2 099	17.00
果实(经济产量)能量	6 710	64.86	8 466	68.58
总生物产量能量	10 345	100.00	12 345	100

2) 温室生菜能量产出

　　温室生菜两茬的分器官能量产出情况如表 6.6 所示。从表中看出,在两茬生菜中,夏茬生菜形成生物产量的能量产出为 1201 MJ/亩,冬春茬生菜为 1530 MJ/亩。其中,叶占了 81% 以上,其次为茎,根所占比例最小。生菜的经济产量是除了根系以外的大部分茎和叶,由表 6.6 可知,夏茬、冬春茬形成经济产量的能量都占绝大部分,其比例分别为 94.32%、94.77%。

表 6.6 温室生菜能量产出

项 目	夏茬生菜		冬春茬生菜	
	能量/(MJ/亩)	比例/%	能量/(MJ/亩)	比例/%
根能量	68	5.68	80	5.23
茎能量	119	9.92	210	13.73
叶能量	1014	84.40	1240	81.04
生物产量能量产出	1201	100.00	1530	100

根据以上计算的数据,可以得到黄瓜与生菜一年四茬复种方式的全年能量总产出为 25 421 MJ/亩,其中经济产品的能量为 17 759 MJ/亩,占总能量的 69.86%。

6.3.3 温室人工辅助能投入及产投比

1. 人工辅助能投入分析

本节分析所用的数据来自 5.3.3 试验的结果。

温室投入的各种人工辅助能折算标准如表 6.7 所示。其中,固定资产的能量折算标准为 2006 年的单位国内生产总值能耗[3]与 1 kg 煤的燃烧值之积,即 $\frac{2.210\,56\times10^{12}}{2.119\,235\times10^{9}}\times29.306$ MJ/万元=30 568.89 MJ/万元;水的能量折算标准参照 Yaldiz 的文献[4];其余人工辅助能的能量折算标准参照陈阜的文献[5]。

表 6.7 人工辅助能折算标准

项 目	折算标准	项 目	折算标准
人工	12.6 MJ/h	柴油	44 MJ/L
种子	16 MJ/h	有机肥	13.5 MJ/kg
农药	102 MJ/h	氮肥	91 MJ/kg
固定资产折旧	30 569 MJ/万元	磷肥	13.3 MJ/kg
水	0.63 MJ/m³	钾肥	9 MJ/kg
电	12.5 MJ/(kW·h)		

对温室春夏茬黄瓜、夏茬生菜、秋冬茬黄瓜、冬春茬生菜的能量投入情况进行了计算并汇总,结果分别见表 6.8 和表 6.9。其中,温室固定资产实际造价 600 元/m² 计算,折旧年限为 20 年,净残值率为 5%。黄瓜、生菜所使用固定资产天数

从定植日算起至拉秧日或采收日为止。

表 6.8　实验温室黄瓜人工辅助能投入①

项　目	春夏茬黄瓜			秋冬黄瓜		
	数量②	能量②/MJ	比例/%	数量②	能量②/MJ	比例/%
人工	288 h	3 628.8	11.10	384 h	4 838.4	12.74
基本生产资料	—	52.6	0.16	—	52.6	0.14
种子	0.1 kg	1.6	0.00	0.1 kg	1.6	0.00
农药	0.5 kg	51	0.16	0.5 kg	51	0.13
固定资产折旧	0.47 万元	14 443.8	44.20	0.68 万元	20 634	54.33
环境调控		7 619.7	23.32		4 876	12.84
水	190 m³	119.7	0.37	200 m³	126	0.33
电	600 kW·h	7 500	22.95	380 kW·h	4 750	12.51
肥料	—	6 935.4	21.22	2 559.87 kg	7 577.7	19.95
有机肥③	2 500 kg	5 062.5	15.49	2 500 kg	5 062.5	13.33
氮肥	17.81 kg	1 620.7	4.96	23.8 kg	2 165.8	5.70
磷肥	4.85 kg	64.5	0.20	5.76 kg	76.6	0.20
钾肥	20.85 kg	187.7	0.57	30.31 kg	272.8	0.72
合计	—	32 680.3	100	—	37 978.7	100

　　① 春夏茬黄瓜计算时期为 2008 年 4 月 14 日至 7 月 13 日,秋冬茬黄瓜计算时期为 2008 年 8 月 21 日至 12 月 27 日。

　　② 以亩计,后表同。

　　③ 有机肥能量投入=有机肥重量×有机质含量×能量折算标准=2500×0.15×13.5=5062.5MJ。

表 6.9　温室生菜人工辅助能投入

项　目	夏茬生菜			冬春生菜		
	数量	能量/MJ	比例/%	数量	能量/MJ	比例/%
人工	112 h	1 411.2	12.67	192 h	2 419.2	16.23
基本生产资料		11.8	0.11		11.8	0.08
种子	0.1 kg	1.6	0.01	0.1 kg	1.6	0.01
农药	0.1 kg	10.2	0.09	0.1 kg	10.2	0.07
固定资产折旧	0.187 5 万元	5 731.7	51.47	0.315 万元	9 629.2	64.59
环境调控	—	3 894.1	34.97	—	2 534	17.00
水	70 m³	44.1	0.40	54 m³	34	0.23
电	308 kW·h	3 850	34.57	200 kW·h	2 500	16.77
肥料		87.3	0.78		313.6	2.10
有机肥	0	0	0.00	0	0	0.00
氮肥	0.84 kg	76.4	0.69	2.4 kg	218.4	1.47
磷肥	0.2 kg	2.7	0.02	0.93 kg	12.4	0.08
钾肥	0.91 kg	8.2	0.07	9.2 kg	82.8	0.56
合计	—	11 136.1	100.00	—	14 907.8	100

　　注:夏茬生菜计算时期为 2008 年 7 月 15 日至 8 月 19 日,冬春茬生菜计算时期为 2009 年 1 月 1 日至 2 月 28 日。

　　从表 6.8 中可以看出,在黄瓜的人工辅助能投入中,温室框架结构(固定资产折旧)所耗能量最大,占 44.20%～54.33%,其中秋冬茬黄瓜的生长期长,折算的能耗更大些。在春夏茬黄瓜中,环境调控的能量占 23.32%,主要是后期降温的能耗较大;肥料所耗能量为 6935.4 MJ/亩,占 21.22%,人工所耗能量占 11.10%,其他生产资料占的比例极少。在秋冬茬黄瓜中,肥料所耗能量占 19.95%;环境调控和人工所耗能量很接近,占 12% 以上。秋冬茬黄瓜总的人工辅助能量投入量为 37 978.7 MJ/亩,为春夏茬的 32 680.3 MJ/亩的 1.16 倍。

表 6.9 是温室生菜人工辅助能投入。在生菜的人工辅助能投入中,温室框架结构(固定资产折旧)占总投能的一半以上。在夏茬生菜的人工辅助能中,环境调控所耗能量占 34.97%,人工所耗能量占 12.67%,肥料和基本生产资料占的比例较少。冬春茬生菜由于生长季节长,所以折合的投能高,所占比例达到 64.59%,环境调控所耗能量占 17%,总能量投入为夏茬生菜的 1.34 倍。

2. 温室的能量转化效率

1) 太阳能利用率

上述两果两菜种植方式的周年总能量产出 25 421 MJ/亩,周年的太阳辐射能量为 3 066 866 MJ/亩(110×4.18×10 000×667),光能利用率为 0.83%。如果按照太阳辐射能中有 50% 为生理辐射能,则生理辐射的光能利用率达到了 1.66,在农田生产中属于相当高的水平。

2) 人工辅助能转化率

根据表 6.7、表 6.8 和表 6.9 计算出温室黄瓜与生菜各茬口的人工辅助能转化率如表 6.10 所示。从表 6.10 中可以看出,该复种方式周年人工辅助能转化率为 26.29%。其中,黄瓜的人工辅助能转化率较大,秋冬茬和春夏茬分别为 32.51% 与 31.66%,与 Canakci 报道的土耳其温室黄瓜能量产出 19.2 MJ/m²、能量投入 49.4 MJ/m²、能量产投比 39% 相比,试验结果非常接近[6]。与黄瓜相比,生菜人工辅助能转化率低,主要原因是因为生菜在不适宜生长的季节种植,冬茬低温下生长季节长折旧能耗高,而夏茬生菜虽然生长期短,但是降温所需能耗较大。但是生菜是属于填闲种植,如果不种植生菜,显然要将固定资产折旧的能耗加到黄瓜上,黄瓜的能量转化率大大降低。所以从周年利益来看,种植生菜提高了人工辅助能的转化效率。

表 6.10　温室黄瓜生菜四茬复种方式的人工辅助能转化率

作物及茬口	能量产出/(MJ/亩)	人工辅助能/(MJ/亩)	人工辅助能转化率/%
春夏茬黄瓜	10 345	32 680.3	31.66
夏茬生菜	1 201	11 136.1	10.78
秋冬茬黄瓜	12 345	37 978.7	32.51
冬春茬生菜	1 530	14 907.8	10.26
周年	25 421	96 702.9	26.29

6.4　不同类型温室的人工辅助能转化率比较

为比较不同温室类型的能量转化效率,采用抽样调查方法,对江苏省南京市、苏州市、镇江市和上海市的多个生产温室进行了调研,对高档、中档、低档温室种植蔬菜的能量产出及辅助能转化率进行了比较分析。

6.4.1　不同类型温室人工辅助能投入

调研于 2008 年 3 月至 2009 年 6 月进行,设计了调查表,对经营者进行访谈式调查。

调查的温室种类包括钢架结构玻璃自控温室、钢架结构连栋塑料温室、钢架结构单栋塑料大棚三种类型。其中,玻璃自控温室均配备主动降温、加温设备,代表高档温室;连栋塑料温室设有天窗、卷帘等机械控制系统,但只能被动调节温度,对环境的调控能力较弱,代表中档温室;单栋塑料大棚的结构较简单,也完全靠棚膜被动保温,与连栋温室主要是结构上不同,在环境控制上没有本质的差别,为低档温室。

调查所涉及的蔬菜作物种类有:黄瓜、番茄、茄子、萝卜、甜椒、小白菜、豇豆、芥菜、刀豆、苋菜、香菜和西瓜等。

调查的项目有以下几个方面。①作物茬口:包括播种期、定植期、采摘期、拉秧期等。②投入:主要包括生产温室的建造费用与折旧费用;水电、燃料、棚膜草苫、绳子、铁丝、吊线、无纺布、遮阳网、小环棚等用于环境控制的用量及费用;种苗、肥料、农药、肥料(营养液)、基质等生产资料的用量及费用;人工(栽培、管理、销售)、机耕等作业时间及费用。③产出:主要包括温室一个生产周期的总产量及销售收入等。

根据调查结果,整理出生产上玻璃自控温室、连栋塑料温室、单栋塑料大棚的各蔬菜种植方式的每亩人工辅助能投入数量如表 6.11 所示。表中玻璃自控温室和连栋塑料温室固定资产折旧年限为 20 年,单栋塑料大棚固定资产折旧年限为 15 年,净残值率都为 5%。

表 6.11　不同类型温室和种植方式的人工辅助能投入数量[*]

温室类型	编号	种植方式	固定资产折旧/元	种子/kg	农药/kg	基　质	人工/h	水/m³	电/(kW·h)	燃料/L
玻璃自控温室[**]	①	番茄	25 335	0.1	0.5	珍珠岩与草炭土	2 304	300	1 900	1 850
	②	甜椒	25 335	0.1	0.5	珍珠岩与草炭土	2 304	300	1 900	1 850
	③	黄瓜	25 335	0.1	0.5	珍珠岩与草炭土	2 304	300	1 900	1 850
	④	黄瓜	15 834	0.1	0.5	珍珠岩	2 246.4	300	1 900	2 000
	⑤	番茄	15 834	0.1	0.5	珍珠岩	2 246.4	300	1 900	2 000

续表

温室 类型	编号	种植方式	固定资产 折旧/元	种子 /kg	农药 /kg	基　质	人工 /h	水 /m³	电 /(kW·h)	燃料 /L
连栋 塑料 温室	⑥	苋菜-番茄- 小白菜等	2 933	0.1	0.5	—	2 880	208	180	0
	⑦	香菜-米- 小白菜等	2 933	0.1	0.5		2 880	200	180	0
	⑧	黄瓜-豇豆-荠菜	2 933	0.1	0.5		2 880	250	180	0
单栋 塑料 大棚	⑨	西瓜-辣椒	916	0.1	0.5		2 880	400	180	0
	⑩	西瓜-西红柿	916	0.1	0.5		2 880	400	180	0
	⑪	香菜-米- 小白菜等	993	0.1	0.5		2 880	200	180	0
	⑫	黄瓜-豇豆-荠菜	993	0.1	0.5		2 880	250	180	0
	⑬	苋菜-番茄- 小白菜等	993	0.1	0.5		2 880	208	180	0

　*　编号为①~③的玻璃自控温室的折旧数额大,是因为它们于 20 世纪 90 年代从国外引进,温室建造成本高,而编号为④~⑤的玻璃自控温室为国产,建造成本低。
　**　表中①~⑤号为营养液基质栽培,其他为土壤栽培,肥料投入具体数据略。

　　根据表 6.7 的人工辅助能折算标准,将表 6.11 中的投入数量,按照玻璃自控温室、连栋塑料温室与单栋塑料大棚三大类型进行分类,计算出各类温室的人工辅助能能值如表 6.12 所示。

表 6.12　不同类型温室各类人工辅助能投入比例

项　　目	玻璃自控温室			连栋塑料温室			单栋塑料大棚		
	数量	能量 /MJ	比例 /%	数量	能量 /MJ	比例 /%	数量	能量 /MJ	比例 /%
人工	2 281.0 h	28 740.1	13.59	2 880.0 h	36 288.0	68.46	2 880.0 h	36 288.0	78.95
基本生产资料	—	52.6	0.02	—	52.6	0.10	—	52.6	0.11
种子	0.1 kg	1.6	0.00	0.1 kg	1.6	0.00	0.1 kg	1.6	0.00
农药	0.5 kg	51.0	0.02	0.5 kg	51.0	0.10	0.5 kg	51.0	0.11
固定资产折旧	2.15 万元	65 828.3	31.12	0.3 万元	8 967.3	16.92	0.1 万元	2 941.9	6.40
环境调控	—	107 979.0	51.05	—	2 388.2	4.51	—	2 433.7	5.30
水	300.0 m³	189.0	0.09	219.3 m³	138.2	0.26	291.6 m³	183.7	0.40
电	1 900.0 kW·h	23 750.0	11.23	180.0 kW·h	2 250.0	4.24	180.0 kW·h	2 250.0	4.90
柴油	1 910.0 L	84 040.0	39.73	0.0	0.0	0.00	0.0	0.0	0.00
肥料	—	8 949.3	4.23	—	5 308.0	10.01	—	4 246.9	9.24
猪粪	0.0	0.0	0.00	166.7 kg	337.5	0.64	420.0 kg	850.5	1.85
鸡粪	0.0	0.0	0.00	483.3 kg	1 663.9	3.14	510.0 kg	1 755.7	3.82

项　目	玻璃自控温室			连栋塑料温室			单栋塑料大棚		
	数量	能量/MJ	比例/%	数量	能量/MJ	比例/%	数量	能量/MJ	比例/%
人粪尿	0.0	0.0	0.00	350.0 kg	945.0	1.78	110.0 kg	297.0	0.65
氮肥	84.6 kg	7 695.0	3.64	23.2 kg	2 111.2	3.98	13.2 kg	1 201.2	2.61
磷肥	16.5 kg	220.0	0.10	9.7 kg	128.6	0.24	5.5 kg	73.2	0.16
钾肥	114.9 kg	1 034.3	0.49	13.5 kg	121.8	0.23	7.7 kg	69.3	0.15
合计	—	211 549.3	100	—	53 004.1	100	—	45 963.1	100

从表 6.12 中可以看出,从总的投能来看,以玻璃自控温室最高,为其他两类温室的 3 倍以上。三类温室的人工费用、基本生产资料以及肥料的投入能量基本接近,其中玻璃自控温室的人工最少,而肥料的投入略高。投入差异最大的是环境调控成本,玻璃自控温室的投入是其他温室的 44 倍之多;其次为固定资产折旧费,分别是塑料大棚的 22.38 倍和连栋塑料温室的 7.34 倍。

从玻璃自控温室的投能结构看,环境调控所耗能量居首,占了 51.05%;其次为温室框架结构(固定资产折旧)所折能量,为 31.12%;人工所耗能量占 13.59%,居第三;基本生产资料和肥料所耗能量比例很低。

单栋塑料大棚的人工辅助能投入在三类温室中最低,仅为 45 963.1 MJ/亩,其中人工所耗能量占了 78.95%;肥料所耗能量比例为 9.24%;其他各部分占的比例很少,均未超过 10%。其中固定资产折旧 6.40% 和环境调控 5.30% 中的部分是比露地生产增加的部分,即塑料大棚与露地栽培相比,仅增加了占总投入 11.7% 的能量。

连栋塑料温室与单栋塑料大棚蔬菜生产相比,连栋塑料温室的结构复杂,建造费用及固定资产折旧增加,导致总能量投入比大棚增加 15.3%。

6.4.2　不同类型温室的经济器官产量和能量产出结果

不同类型温室 13 种种植方式的经济产量列于表 6.13。根据对黄瓜和生菜的热值测定,经济器官的热值系数为每千克干物质 17 000~18 000 kJ,黄瓜的干物质重量为 8% 左右,经济器官的比例为 60% 左右。根据黄瓜的这一测定值来估算,将每亩蔬菜经济器官的鲜重能量折算成每亩生物量所含的能量,其折算标准为 2.5 MJ/kg。这一值与文献[5]所述的蔬菜的能量折算标准为 2.5 MJ/kg 取值相同,但是意义上有差别。

表 6.13 三类生产温室不同种植方式的全年亩产量及能量

玻璃自控温室			连栋塑料温室			单栋塑料大棚		
编号	经济产量/(kg/亩)	折合生物产量能量/(MJ/亩)	编号	亩产/(kg/年)	折合生物产量能量/(MJ/亩)	编号	亩产/(kg/年)	折合生物产量能量/(MJ/亩)
①	23 867	59 668	⑥	9 100	22 750	⑨	7 300	18 250
②	12 000	30 000	⑦	9 200	23 000	⑩	7 500	18 750
③	25 200	63 000	⑧	9 000	22 500	⑪	8 000	20 000
④	20 200	50 500				⑫	8 500	21 250
⑤	21 200	53 000				⑬	8 40C	21 000
平均		51 234			22 750			19 850

根据表 6.13 的能量产出值和表 6.11 的能量投入值,可以得到三种不同类型温室的人工辅助能转化率见表 6.14。

表 6.14 生产温室人工辅助能转化率

项 目	玻璃自控温室	连栋塑料温室	单栋塑料大棚
人工辅助能/(MJ/亩)	211 549.3	53 004.1	45 963.1
产量能值/(MJ/亩)	51 234	22 750	19 850
人工辅助能转化率/%	24.22	42.92	43.19

从表中可以看出,单栋塑料大棚的人工辅助能转化率最高,为 43.19%;其次为连栋塑料温室的 42.92%;玻璃自控温室的人工辅助能转化率最低,为 24.22%。玻璃自控温室人工辅助能转化率与前节实验温室结果接近(表 6.10)。

玻璃自控温室的人工辅助能转化率低的原因在于环境调控所耗能量和温室框架结构所折能量所占比例过高,达到 82.16%。过高的建筑物及机械设备投入与过高的加温、降温能量投入是导致人工辅助能转化率低的根本原因。因此,我国设施园艺科研工作者应努力开发国产化设施和装备,形成更多具有自主知识产权的设施和装备,改善温室环境调控性能,降低温室建筑物与调控设备成本。同时,在温室生产中应研发先进环境管理技术,尽可能降低加温和降温等环境调控成本。连栋塑料温室的人工辅助能转化率与玻璃温室相比,用工数量基本相同,但环境调控和温室框架结构投入的能量数量大大减少,所占比例也大大降低,仅为 21.43%,因此,其人工辅助能转化率高于玻璃自控温室。与连栋塑料温室相比,单栋塑料大棚的用工数量和环境调控基本相同,但由于温室框架结构较简单,投能更低,环境调控和框架结构所占比例仅为 11.70%,因此,其人工辅助能转化率最高,但由于连栋温室的土地利用率高、产量高,所以两者的人工辅助能转化率较接近。

与露地蔬菜人工辅助能投入平均 42 044 MJ/亩、能量产出约 15 625 MJ/亩、人工辅助能转化率的平均值 37.16%[①]相比,单栋塑料大棚以 11.70% 的环境调控与框架结构换取了 25.47% 产出能量的提高,因而单栋塑料大棚的人工辅助能转化率比露地高 6% 以上。而玻璃自控温室以约 5 倍的人工辅助能投入换取约 2.3 倍产出能量的提高,因此,人工辅助能转化率要比露地蔬菜低得多。这一结果与葛晓光的研究相比[7],产出能接近,投入能减少。连栋塑料温室的能量产出和投入介于玻璃自控温室与单栋塑料大棚之间,产投比更接近单栋塑料大棚。

6.5　温室生态经济系统能量流动耗散结构性

耗散结构理论,又称非平衡自组织理论。它是比利时化学家、布鲁塞尔学派领导人普利高津于 1967 年创立的。他指出一个远离平衡的开放系统,通过不断地与外界交换物质和能量,在外界条件的变化达到一定程度、系统某个参数变化达到一定临界值时,通过涨落发生突变即非平衡相变,就可能从原来的混沌无序的状态转变到有序状态,这个新的有序稳定结构,就是耗散结构。它是靠与外界交换物质、能量、信息、价值等来维持和发展的,或从环境中引入负熵流实现的。耗散结构的存在表明,非平衡是有序之源。耗散结构形成的条件主要为:系统必须是一个开放系统、系统必须远离平衡态、系统内部的非线性相互作用、涨落的触发等。

6.5.1　温室生态经济系统能量流动耗散结构性概述

温室生态经济系统具有耗散结构性,不断地与外界进行能量交换,生产温室最基本的生产组织过程就是能量的投入-产出过程。从能量流动的角度来看,温室生态经济系统是一个远离平衡态的、具有内部非线性相互作用和涨落的触发的开放系统。

首先,温室生态经济系统的能量流动遵循热力学第二定律,能量在系统内的流动是单向的、不可逆的、衰减的。作物将太阳光能转化为作物体内的化学潜能,部分能量因呼吸作用而损耗,随着作物的收获大部分积累的能量被移出系统外。

其次,温室生态经济系统的能量流动是非线性的。能量的流入是非线性,晴天、阴天、多云天温室的光照强度是非线性变化的,一天内不同时刻温室的光照强度也是非线性的[8],温室内植物冠层不同高度的光照强度也是非线性的[9]。能量的流出也是非线性,受作物品种、温室环境综合因子等的影响,相同的能量投入必然导致温室农产品内能量不一样,如炎热夏季单位面积生菜成品所含能量并不与

---

① 根据李冬生等调研苏南多地露地蔬菜的亩产量、人工工时与肥料施用量及折能标准算出。其中,亩产量 5500～7000 kg,人工工时为 2880h,有机肥为 400 kg/亩(油菜饼),复合肥为 100 kg/亩(12∶5∶7)。

秋末冬初的一样多。

再次,温室生态经济系统能量流动是输入大于输出。温室生态经济系统需要不断地从外界吸收能量,否则系统将无以为继。温室作物不仅吸收太阳光能,还需要输入肥料、种子等生产资料,需要输入电能或燃料调控室内温度。而系统的能量产出仅仅是作物体内所含有的化学潜能。

最后,温室生态经济系统的能量流动过程中存在大量随机涨落。例如,阴天与晴天、白天与黑夜、间隔追肥等,这些都会对温室生态经济系统的能量流动产生影响,导致系统的实际瞬间状态对于系统原有的平均状态有一定偏离。

6.5.2　温室生态经济系统热力学熵

温室生态经济系统最基本的生产组织过程,即能量的投入-产出过程伴随着温室生态经济系统的熵的变化,该过程产生的熵,称之为热力学熵。根据 Prigogine 的文献[10],温室生态经济系统的热力学熵可以表示为 $ds = d_i s + d_e s$,其中,$d_i s$ 是系统内部的熵,由系统内部的不可逆过程所引起的熵的增加;$d_e s$ 是系统与外部环境之间进行能量交换而产生的熵,一般而言,$d_i s$ 永远为正,即 $d_i s > 0$,$d_e s$ 可正可负。

1) 温室生态经济系统能量流动的 $d_e s$

温室生态经济系统是一个人工生态经济系统,需要与外界环境间进行能量交换。该系统不断地吸收太阳光能和人工辅助能,使系统输入负熵流,即 $d_e s$,通过光合作用固定并积累能量,促进系统作物的生长发育,形成有序的植物净生产力结构。在此过程中,温室生态经济系统输入的是量多质低的能量,输出的是量少质高的能量。在能量流动过程中系统与外界环境间的熵流,表示系统同外界环境发生能量交换时的熵变,其作用是使系统有序化,其大小代表系统与外界环境进行能量交换量的大小。

2) 温室生态经济系统能量流动的 $d_i s$

温室生态经济系统不仅与外界环境间进行能量交换,而且系统内部也存在能量交换,该交换过程伴随着熵增过程,即 $d_i s$。系统通过作物的蒸腾作用和呼吸作用等方式不断地排出自身产生的熵,以不能再利用的热的形式耗散于环境之中。我们把温室生态经济系统各子系统之间的相互作用称之为"力"(广义力),把在这些"力"作用下的能量流动、物质流动、价值流动称之为"流",则温室生态经济系统内部熵变就是这些"力"与"流"相互作用的结果。

3) 熵变与温室生态经济系统的生长发育阶段

熵变与温室生态经济系统的生长发育阶段有着密切的联系,受祖元刚等[11]启发,下面阐述熵变与温室生态经济系统的生长发育阶段关系。

设$\dfrac{ds}{dt}$为整个系统熵变速率，$\dfrac{d_e s}{dt}$为熵流输入系统的速率，$\dfrac{d_i s}{dt}$为系统内熵产生的速率，根据耗散结构理论，可得

$$\frac{ds}{dt} = \frac{d_e s}{dt} + \frac{d_i s}{dt} \tag{6.2}$$

由式(6.2)，当温室生态经济系统处于生长发育阶段时，$\dfrac{ds}{dt}<0$，即$-\dfrac{d_e s}{dt}>\dfrac{d_i s}{dt}$；当处于稳定成熟阶段时，$\dfrac{ds}{dt}=0$，即$-\dfrac{d_e s}{dt}=\dfrac{d_i s}{dt}$；当温室生态经济系统处于衰老死亡阶段时，$\dfrac{ds}{dt}>0$，即$-\dfrac{d_e s}{dt}<\dfrac{d_i s}{dt}$。

6.5.3　温室生态经济系统扩展二分子能量连锁反应模型

在热力学水平上，耗散结构仅仅停留在概念上，要在理论上证明其存在并揭示其行为，就必须采用系统动力学方法建立动力学系统方程或方程组，分析确定其稳定性条件或不稳定性条件。显然对开放性系统的耗散结构性进行分析时必须建立非线性方程，因为只有通过非线性反馈才有可能使系统形成有序的耗散结构。

温室生态经济系统的耗散结构性分析也应遵循这一思路，本节依据 Odum 的能量连锁反应理论[12]，应用刘自强等的扩展二分子模型[13]基本原理，借鉴祖元刚等[11]的能量系统耗散结构基本方法，构建一类非线性动态模型，结合试验结果，以证明温室生态经济系统能量流动过程耗散结构的客观存在。

1. 温室生态经济系统能量流动扩展二分子模型框图与反应关系

根据能量连锁反应理论，在图 6.1 基础上作出温室生态经济系统能量连锁反应框图(图 6.2)。图中，A 表示温室生态经济

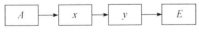

图 6.2　温室生态经济系统
能量连锁反应框图

系统能量来源；x 为系统吸收的能量；y 为系统固定的能量；E 为系统积累的能量；A、x、y、E 之间存在因果关系，即 x 依赖 A 的供给，y 依赖 x 的供给，E 依赖 y 的供给。A、x、y、E 满足式(6.3)~式(6.5)所示的反应关系。

$$A + x \xrightarrow{r_1(1-x/x_m)} n_1 x \tag{6.3}$$

$$x + y \xrightarrow{r_2 \frac{1}{k+x}} n_2 y \tag{6.4}$$

$$y \xrightarrow{r_3} n_3 E \tag{6.5}$$

从式(6.3)~式(6.5)可知，A 是温室生态经济系统的能量来源，在能量流动的连

锁反应中,可视为反应物;E 用于形成温室生态经济系统的净生产量(由各种含能产品形成),可视为产物;x、y 是温室生态经济系统能量流动的连锁反应中的两个中间环节,可视为中间产物;r_1、r_2、r_3 分别为系统的平均相对能量吸收速率、平均相对能量固定速率、平均相对能量积累速率;n_1、n_2、n_3 分别表示连锁反映的三个段数;x_m 为系统在生长季节内吸收能量(包括太阳辐射能和人工辅助能)极大值。式(6.3)~式(6.5)表明,系统的平均相对能量代谢速率(包括平均相对能量吸收速率、平均相对能量固定速率、平均相对能量积累速率)是变速的,因而,系统的能量流动动态是非线性的。

2. 扩展二分子能量连锁反应模型

根据式(6.3)~式(6.5),温室生态经济系统扩展二分子能量连锁反应模型(简称扩展二分子模型)为

$$
\begin{cases}
\dfrac{\mathrm{d}x}{\mathrm{d}t} = r_1 x \left(1 - \dfrac{x}{x_m}\right) - r_2 \dfrac{xy}{k+x} \\[3mm]
\dfrac{\mathrm{d}y}{\mathrm{d}t} = r_2 \dfrac{xy}{k+x} - r_3 y
\end{cases}
\tag{6.6}
$$

式中,

$$
\begin{aligned}
r_1 &= \frac{\ln GAR_2 - \ln GAR_1}{T_1 - T_2} \\[2mm]
r_2 &= \frac{\ln GP_2 - \ln GP_1}{T_1 - T_2} \\[2mm]
r_3 &= \frac{\ln NP_2 - \ln NP_1}{T_1 - T_2} \\[2mm]
k &= \frac{r_2 + r_3}{r_1}
\end{aligned}
\tag{6.7}
$$

式中,GAR_1、GAR_2 分别为时长 T_1、T_2 时系统吸收的能量;GP_1、GP_2 分别为时长 T_1、T_2 时系统固定的能量;NP_1、NP_2 分别为时长 T_1、T_2 时系统形成的净初级生产力。

3. 稳定性分析

式(6.6)存在三个奇点 $O(0,0)$、$M(x_m,0)$、$N(x_e,y_e)$。x_e、y_e 由下式给出:

$$
\begin{aligned}
x_e &= \frac{r_3 k}{r_2 - r_3} \\[2mm]
y_e &= \frac{r_1 k [x_m (r_2 - r_3) - r_3 k]}{x_m (r_2 - r_3)^2}
\end{aligned}
\tag{6.8}
$$

$O(0,0)$ 为鞍点,下面仅对 $M(x_m,0)$ 和 $N(x_e,y_e)$ 稳定性进行分析。

(1) 奇点 $M(x_m,0)$ 的稳定性

对于奇点 $M(x_m,0)$,线性化的近似矩阵为

$$J_1 = \begin{pmatrix} -r_1 & -\dfrac{r_2 x_m}{k + x_m} \\ 0 & \dfrac{x_m(r_2 - r_3) - kr_3}{k + x_m} \end{pmatrix} \tag{6.9}$$

J_1 的特征根为 $-r_1$ 与 $\dfrac{x_m(r_2 - r_3) - kr_3}{k + x_m}$。根据有关理论并结合温室生态经济系统实际,可以有结论。

定理 6.1 ① 当同时满足 $r_1 > 0, r_2 > r_3 > 0, x_m > 0, 0 < k < x_m(r_2 - r_3)/r_3$ 时,$M(x_m, 0)$ 为不稳定鞍点。

② 当同时满足 $r_1 > 0, r_2 > r_3 > 0, x_m > 0, k > x_m(r_2 - r_3)/r_3$ 时,$M(x_m, 0)$ 为稳定点。

(2) $N(x_e, y_e)$ 的稳定性

对于奇点 $N(x_e, y_e)$,线性化的近似矩阵为

$$J_2 = \begin{pmatrix} \dfrac{r_1 r_3 [x_m(r_2 - r_3) - k(r_2 + r_3)]}{x_m r_2 (r_2 - r_3)} & -r_3 \\ \dfrac{r_1 [x_m(r_2 - r_3) - kr_3]}{x_m r_2} & 0 \end{pmatrix} \tag{6.10}$$

J_2 的特征根 λ_1 与 λ_2 满足下式

$$\begin{aligned} \lambda_1 + \lambda_2 &= \dfrac{r_1 r_3 [x_m(r_2 - r_3) - k(r_2 + r_3)]}{x_m r_2 (r_2 - r_3)} \\ \lambda_1 \lambda_2 &= \dfrac{r_1 r_3 [x_m(r_2 - r_3) - kr_3]}{x_m r_2} \end{aligned} \tag{6.11}$$

根据有关理论并结合实际,我们有以下结论。

定理 6.2 ① 当同时满足 $r_1 > 0, r_2 > r_3 > 0, x_m > 0, k > x_m(r_2 - r_3)/r_3$ 时,$N(x_e, y_e)$ 为不稳定鞍点。

② 当同时满足式(6.12)时,$N(x_e, y_e)$ 为稳定焦点或结点:

$$\begin{cases} r_2 > r_3 > 0 \\ r_1 > 0 \\ x_m > 0 \\ \dfrac{x_m(r_2 - r_3)}{r_2 + r_3} < k < \dfrac{x_m(r_2 - r_3)}{r_3} \end{cases} \tag{6.12}$$

③ 当系统满足式(6.13)时,$N(x_e, y_e)$ 为不稳定焦点或结点:

$$\begin{cases} r_2 > r_3 > 0 \\ r_1 > 0 \\ x_m > 0 \\ 0 < k < \dfrac{x_m(r_2 - r_3)}{r_2 + r_3} \end{cases} \tag{6.13}$$

可以认为,当温室生态经济系统能量流动扩展二分子模型的奇点 $O(0,0)$ 为鞍点,$M(x_m,0)$ 为不稳定鞍点,$N(x_e,y_e)$ 满足式(6.13)的条件而成为不稳定焦点或结点时,该系统就是耗散结构。

4. 实例研究

根据 5.3 节中所示试验,以春夏茬黄瓜为例,得出温室生态经济系统能量流动扩展二分子模型如下,这里的能量单位为 kJ/(m² · d)。x 为系统吸收的能量,y 为系统固定的能量,t 代表时间。

$$\begin{cases} \dfrac{\mathrm{d}x}{\mathrm{d}t} = 0.0393x(1-x/33\,200) - \dfrac{0.0283xy}{1.4249+x} \\ \dfrac{\mathrm{d}y}{\mathrm{d}t} = \dfrac{0.0283xy}{1.4249+x} - 0.0277y \end{cases} \tag{6.14}$$

根据系统动力学理论,令式(6.14)为 0,便得到该系统的三个奇点为 $O(0,0)$、$M(33\,200,0)$、$N(65.78,93.15)$。$O(0,0)$ 与 $M(33\,200,0)$ 均为不稳定鞍点;$N(65.78,93.15)$ 满足式(6.13)所给的条件,为非线性系统式(6.14)的不稳定结点,因此就证明了该温室生态经济系统为耗散结构系统。取 5 个有代表性的初值分别作出温室黄瓜能量流动过程中吸收的能量随时间动态变化图、固定的能量随时间动态变化图及吸收的能量与固定的能量关系图,如图 6.3~图 6.5 所示。

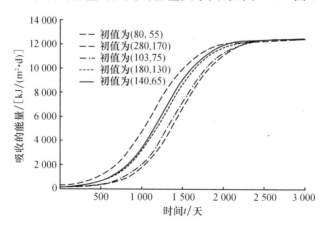

图 6.3 黄瓜吸收的能量随时间动态变化

从图 6.3 与图 6.4 中可以看出,随着时间的推移,吸收的能量和固定的能量会不断变化增加,会越来越远离奇点 $N(65.78,93.15)$ 的横坐标值与纵坐标值;从图 6.5 中可以明显看出,选择不同的初值,黄瓜能量流动过程会逐渐远离奇点 $N(65.78,93.15)$,因此,可以直观看出非线性系统式(6.14)为耗散结构系统。

温室其他作物的能量流动的耗散结构性也可以通过能量流动扩展二分子模型进行研究,方法类似于黄瓜。

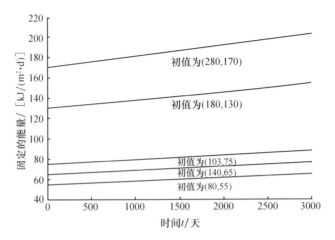

图 6.4　黄瓜固定的能量随时间动态变化

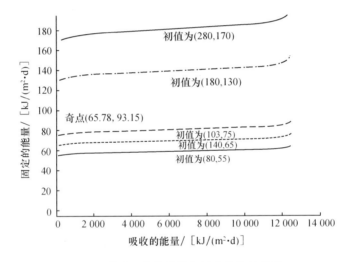

图 6.5　黄瓜吸收的能量与固定的能量关系

参 考 文 献

[1]　Kutbay H G,Kilinc M. Seasonal changes in energy values of *Phillyrea latiflia* L. Turkish
　　　Journal of Botany,1994,18(6):489-491.

[2]　Sims P L,Singh J S. The structure and function of ten western American grasslands:Com-
　　　partmental transfers and energy flow within the ecosystem. Journal Ecology, 1989, 66:
　　　573-597.

[3]　中华人民共和国国家统计局. 中国统计年鉴. http://www. sei. gov. cn/hgjj/yearbook/
　　　2008/indexCh. htm. 2009-3-20

[4]　Yaldiz O,Ozturk H H,Zeren Y,et al. Energy use in field crops of Turkey. International Congress of Agricultural Machinery and Energy,Kusadasi,Turkey,1993.

[5]　陈阜. 农业生态学. 北京:中国农业大学出版社,2001.

[6]　Canakci M,Akinci I. Energy use pattern analyses of greenhouse vegetable production. Energy,2006,31:1243-1256.

[7]　葛晓光. 我国设施蔬菜生产面临的挑战与对策——蔬菜产业结构的调整及技术创新. 沈阳农业大学学报,2000,31(1):1-3.

[8]　李萍萍,胡永光,赵玉国,等. 叶用莴苣温室栽培单株光合作用日变化规律. 园艺学报,2001,28(3):240～245.

[9]　陈年来,张玉鑫,朱振家. 日光温室甜瓜冠层生态因子及光合作用日变化研究. 兰州大学学报(自然科学版),2007,43(2):35-38.

[10]　Prigogine I. Time,structure and fluctuation. Science,1978,14(5):438-452.

[11]　祖元刚,赵则海,于景华,等. 非线性生态模型. 北京:科学出版社,2004.

[12]　Odum E F. Basic Ecology. Philadelphia:Saunders College Publishing,1983.

[13]　刘自强,李俊清,陈大我. 以营养动力学为基础的捕食模型的耗散结构诠释. 东北林业大学学报,1991,19(1):122-129.

第7章 温室主要生态经济系统的
氮、磷、钾流动特点

物质流动是温室生态经济系统的主要功能之一。物质在温室生态经济系统中起着双重作用,既是维持生命活动的物质基础,又是能量的载体。温室作物的生长需要多种营养物质,除了碳、氢、氧三种元素主要来自空气之外,作物对氮(N)、磷(P_2O_5)、钾(K_2O)三种营养元素需求量最大,因此氮、磷、钾三要素的流动在温室生态经济系统占据重要地位。温室作物对氮、磷、钾等元素的吸收利用程度直接影响到植株的生长、发育、产量和品质,决定温室生产力水平的高低。因此研究温室作物氮、磷、钾等元素流动特点具有重要意义。

国内外学者在温室作物氮、磷、钾等营养元素的吸收利用特点,长期温室栽培对土壤营养元素的影响等方面作了大量的研究,研究的温室作物包含黄瓜[1-5]、番茄[1],[6-12]、生菜[13]及其他[1],[14,15]。但是,对温室作物周年种植过程中氮、磷、钾的流动特点,水培和基质栽培条件下的物质流动特点报道很少。本章根据多年的试验结果,结合生产调研,对温室生态经济系统氮、磷、钾的周年流动特点进行探讨。

7.1 温室生态经济系统氮、磷、钾流动框架模型

温室生态经济系统氮、磷、钾流动是指温室生产者通过施肥和浇水,向温室土壤输入氮、磷、钾等营养元素,温室中的绿色植物吸收土壤环境中的氮、磷、钾元素及环境中的碳、氢、氧等元素,通过光合作用合成植物有机物,而伴随农产品出售又将氮、磷、钾带出温室生态经济系统之外的过程。因此,物质的流动实质上是以作物的光合作用为载体,将环境以及人工投入到系统中的矿质元素转换为人类可以食用的营养元素的过程。

1) 温室生态经济系统氮、磷、钾的输入

温室生态经济系统氮、磷、钾的输入主要为人工施肥,包括有机肥和无机肥。在有机基质栽培条件下,基质中也带有大量的养分。此外,灌溉水中也有很少量的输入。

2) 温室生态经济系统氮、磷、钾的输出

氮输出途径:主要是产品的输出,输出的氮量与其生物量和作物体内氮素含量有直接关系。氮的输出还有部分是淋失、挥发和硝化、反硝化作用等的损失。氮的

淋失是指土壤(基质)中的 NH_4^- 和 NO_3^- 随水向下移动至根系活动层以下,而不能被作物根系吸收所造成的氮素损失,温室条件下,由于得不到雨水的淋溶,这部分大大减少。温室土壤(基质)氮的挥发包括 NH_3 和硝化、反硝化作用过程中产生的 NO、NO_2、N_2O 等氮氧化物,影响氨挥发的因素有土壤性质、气象条件和技术措施,主要包括土壤阳离子交换量、土壤 pH 和温度、风速、水分状况等。

磷的输出途径:主要为产品的输出等,产品的输出量在温室生态经济系统中占大部分,与氮不同的是,磷基本上不会挥发损失(磷无稳定的气态形态),也较少随水流失。磷肥的利用率低,主要原因是水溶性磷容易与钙、镁、铁、铝等结合形成难溶的磷化物,要使它们变为被植物吸收的有效态要求一定的条件,如适宜的 pH、近距离吸收等。

钾的输出途径:主要有产品的输出、淋失等,产品的钾输出量大小取决于作物种类及品种、土壤钾库大小以及生产措施等,温室生态经济系统内土壤钾库不同、作物种类不同以及同一作物不同品种,均会影响作物钾库的大小。

温室生态经济系统中土壤栽培条件下氮、磷、钾流动框架模型如图 7.1 所示。

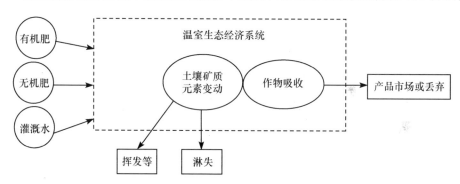

图 7.1　温室生态经济系统氮、磷、钾流动模型

根据上述分析,温室生态经济系统中,土壤栽培条件下氮元素流动的规律可用公式表示为

$$\Delta N = N_w + N_n + N_o - N_c - N_l \tag{7.1}$$

式中,ΔN 表示给定土壤在不同时间内氮的变化量;N_w 表示灌溉而带入土壤中的氮;N_n 表示投入有机肥而增加的氮;N_o 表示投入无机肥而增加的氮;N_c 表示温室作物收获而带走的氮;N_l 表示给定土壤由于淋失和挥发等损失的氮。

温室中磷和钾的流动也可以用同样的公式来表示。

7.2　温室栽培对土壤氮、磷、钾流动的影响分析

温室栽培是在有覆盖的条件下进行的,所以与露地栽培相比在物质流动上有

不同的特点。

1) 肥料投入量大

经营者对设施作物管理较精细,为了追求高产高效,菜农普遍重视肥料的投入。据黄毅等[16]调查,单位面积土壤大棚内肥料的投入量为大田的 4~10 倍,为蔬菜带走量的 2~10 倍。李廷轩等[17]对国内各地的设施栽培养分投入状况进行了系统分析,认为设施蔬菜栽培的用肥量远远高于露地栽培。由于缺乏科学的施肥指导,大量的养分连年不断地投入,使土壤的盐分逐年上升。

2) 养分流失少

作物在有玻璃或塑料农膜覆盖的相对封闭空间里进行栽培,雨水淋不到温室中,养分基本不会随着地表径流而流失,只有很少的量随灌溉水流失。土壤内的盐分随水分的蒸发向上运动而聚集于地表耕作层,土壤耕作层的盐分呈现不断积累的趋势。连栋温室和日光温室都是长年利用类型,塑料大棚有长年利用也有季节性利用的,其中,长年利用的温室、大棚比季节性利用的设施程度更严重些。此外,温室、大棚种植年限长的比种植年限短的更严重。

3) 流动途径简单

缺少了随降雨的物质投入,缺少了随雨水的淋溶损失,物质的输入途径和输出途径都减少,物质流动的框图和公式表示都大大简化。

温室土壤的投入量大而流失量少,使得温室土壤出现了一些障碍。主要表现在耕层土壤养分聚集,次生盐渍化严重。据吴凤芝等对哈尔滨郊区的大棚土壤测定[18],10 年以上大棚土壤总盐量高于露地 4.2~6.5 倍,仅种植黄瓜 2 年的大棚土壤总盐量也比露地高 2.1 倍。据何文寿[19]测定宁夏峡口栽种 3~10 年蔬菜的日光温室土壤,其盐分含量比露地菜田高 0.5~3 倍,且随棚龄延长而明显上升。据山东农业大学调查[20],寿光市 26 个被抽样大棚的硝态氮平均含量高达 195.7 mg/kg,速效磷和速效钾的含量分别为 158.8 mg/kg 和 274.5 mg/kg,比露地土壤分别高 6 倍和 2.56 倍。杜连凤等[21]对河北省蔬菜大棚的采样调查结果表明:河北省蔬菜大棚 0~20 cm 土壤 EC 值比相邻粮田增加 244%,20~80 cm 土壤 EC 值增加 50%~73%,耕层 Ca^{2+}、Mg^{2+}、K^+、NO_3^-、Cl^-、SO_4^{2-} 均有不同程度的增加,并且土壤盐分随着种植年限的增加呈增加的趋势。黄锦法等[22]对嘉兴平原设施蔬菜地的调查也表明土壤有盐渍化的趋势。可见,无论是北方还是南方,土壤次生盐渍化现象普遍较明显,已经造成了各地温室和大棚中作物根系的生理机能和产量的下降。

此外,露地土壤所存在的投入结构不合理,土壤主要营养元素失衡的问题在设施栽培中也严重存在。李俊良等[23]的调查表明:寿光市保护地蔬菜施肥用量很大,但极不平衡,蔬菜作物需氮、磷、钾的比例一般是 N:P_2O_5:K_2O 为 1:0.5:1.25,实际施肥中比例为 1:0.96:0.36,养分比例极不合理。李见云等[24]对山东寿光大棚设施土壤养分状况研究结果表明,随大棚棚龄的增加,速效氮、速效磷含量有显著的增加,其增加量与棚龄呈极显著正相关,速效钾含量增加幅度不大,即氮、磷、钾施用不均衡。过量的不合理的施肥,使得设施蔬菜肥料的利用率较低,产投比下降。刘兆辉等[25]的研究表明,1997 年寿光设施蔬菜氮肥的表观利用率为 21.33%,磷肥的表观利用率只有 2.82%,钾肥的利用率较高达到 61.34%。2004 年氮肥和磷肥总用量有所减少,钾肥用量有所增加,但是施肥量仍然远远高于作物的需求量。由于氮磷用量多,而钾肥用量太少,植物抗逆性差,导致病虫害严重。此外,土壤营养元素失衡还带来土壤酸化等问题,不仅导致土壤中有机物的矿化与分解速率减缓,影响土壤中养分的有效性和作物的营养状况,也影响根系及地上部一些器官的正常生长发育和作物产量[26,27]。

　　无论是土壤的次生盐渍化,还是营养元素的失衡,究竟是温室栽培中不可回避的必然规律还是由不合理的施肥管理造成的,这是需要科学家回答的一个重要问题。因此,研究温室生态经济系统的物质流动特点,并且指导温室养分管理,促进温室物质流动的畅通,对于维持和提高土壤肥力,促进温室生产的可持续发展都具有重要的意义。

7.3　黄瓜、生菜周年四茬复种方式氮、磷、钾流动特征及吸收利用率

7.3.1　数据来源

　　本节所用数据来源于 5.3 节的实验温室黄瓜-生菜一年四茬复种方式试验。根据试验结果整理出各茬定植前土壤主要养分含量如表 7.1 所示。

表 7.1　实验温室黄瓜-生菜四茬复种方式各茬口定植前土壤养分含量($\mu g/g$)

土壤养分含量	春夏茬黄瓜定植前	夏茬生菜定植前	秋冬茬黄瓜定植前	冬春茬生菜定植前
N	76.2	102.6	68.1	133.1
P_2O_5	27.57	61.71	40.83	80.62
K_2O	89.55	114.27	70.04	128.41

7.3.2　氮素流动特征及吸收利用率

1) 输入特征

　　根据 5.3 节的试验,计算出实验玻璃自控温室黄瓜-生菜四茬复种方式中各茬口及周年的氮流动,结果如表 7.2 所示。从表中可以看出,该复种方式周年氮输入中,无机肥所占比例最大,为 61.21%,其次为有机肥 38.22%,灌溉水输入氮最少,

仅为 0.57%。

表 7.2 实验温室黄瓜-生菜四茬复种方式氮(N)的输入和输出

项　目	类　别	春夏茬黄瓜/(kg/亩)	夏茬生菜/(kg/亩)	秋冬茬黄瓜/(kg/亩)	冬春茬生菜/(kg/亩)	周年/(kg/亩)	比例/%
输入	无机肥	17.81	0.84	23.80	2.40	44.84	61.21
	有机肥	14.00	0.00	14.00	0.00	28.00	38.22
	灌溉水	0.15	0.06	0.16	0.05	0.42	0.57
	小计	31.96	0.90	37.96	2.45	73.26	100
输出	作物吸收	16.71	2.12	19.18	3.05	41.06	56.04
	损失	11.29	3.95	9.03	5.32	29.58	40.38
	土壤元素变动	3.96	−5.18	9.75	−5.92	2.62	3.58
	期初	11.43	15.39	10.22	19.97	11.43	—
	期末	15.39	10.22	19.97	14.05	14.05	—

2) 肥料利用效率

复种方式周年氮输入为 73.26 kg/亩,作物吸收量为 41.06 kg/亩,肥料利用效率为 56.04%。黄瓜的两茬中,秋冬茬黄瓜对氮吸收量为 19.18 kg/亩,高于春夏茬黄瓜 16.71 kg/亩;而春夏茬黄瓜对氮的吸收利用率为 52.28%,高于秋冬茬的 50.54%。生菜的两茬中,冬春茬生菜对氮吸收量为 3.05 kg/亩,高于夏茬的 2.12 kg/亩。

3) 肥料残留土壤中的比率和损失的比率

土壤氮素期末含量为 14.05 kg/亩,高于期初的 11.43 kg/亩,周年土壤氮素增加了 2.62 kg/亩,氮素土壤残留量为输入量的 3.58%。周年氮输出中,通过灌溉流失、挥发、硝化和反硝化作用而损失的氮为 29.58 kg/亩,占了 40.38%。

7.3.3 速效磷流动特征及吸收利用率

1) 输入特征

根据 5.3 节的试验计算出黄瓜-生菜四茬复种方式各茬及周年磷(P_2O_5)流动如表 7.3 所示。从表中可以看出,该系统周年磷输入量为 31.74 kg/亩,大部分为有机磷,达到 63.02%,无机肥占 36.98%,灌溉水带入的磷极少,可以忽略不计。

表 7.3 实验温室黄瓜-生菜四茬复种方式磷(P_2O_5)的输入和输出

项　目	类　别	春夏茬黄瓜/(kg/亩)	夏茬生菜/(kg/亩)	秋冬茬黄瓜/(kg/亩)	冬春茬生菜/(kg/亩)	周年/(kg/亩)	比例/%
输入	无机肥	4.85	0.20	5.76	0.93	11.74	36.98
	有机肥	10.00	0	10.00	0	20.00	63.02
	小计	14.85	0.20	15.76	0.93	31.74	100

续表

项　目	类　别	春夏茬黄瓜/(kg/亩)	夏茬生菜/(kg/亩)	秋冬茬黄瓜/(kg/亩)	冬春茬生菜/(kg/亩)	周年/(kg/亩)	比例/%
输出	作物吸收	7.14	0.82	8.23	1.41	17.61	55.48
	损失	2.59	2.51	1.56	3.24	9.90	31.18
	土壤元素变动	5.12	−3.13	5.97	−3.72	4.23	13.34
	期初	4.14	9.26	6.12	12.09	4.14	—
	期末	9.26	6.12	12.09	8.37	8.37	—

2）肥料利用效率

从全年看,作物吸收 P_2O_5 共为 17.61 kg/亩,占总输出的 55.48%,P_2O_5 的利用率很高。秋冬茬黄瓜吸收量最高,为 8.23 kg/亩;夏茬生菜最低,为 0.82 kg/亩。

3）肥料残留土壤中的比率和损失的比率

从全年看,土壤 P_2O_5 含量从期初的 4.14 kg/亩增加到期末的 8.37 kg/亩,增加了 4.23 kg/亩,土壤残留量为输入量的 13.34%。周年 P_2O_5 输出中,损失的 P_2O_5 为 9.90 kg/亩,占了 31.18%。

7.3.4　速效钾流动特征及吸收利用率

1）输入特征

根据 5.3 节的试验计算出黄瓜-生菜四茬复种方式各茬口及周年钾流动见表7.4。从全年看,K_2O 投入最大的为无机肥,为 61.28 kg/亩,占总输入的 72.70%,其次为有机肥的 22.00 kg/亩,灌溉水最少,仅为 1.02 kg/亩。

表 7.4　实验温室黄瓜-生菜四茬复种方式钾(K_2O)的输入和输出

项　目	类　别	春夏茬黄瓜/(kg/亩)	夏茬生菜/(kg/亩)	秋冬茬黄瓜/(kg/亩)	冬春茬生菜/(kg/亩)	周年/(kg/亩)	比例/%
输入	无机肥	20.85	0.91	30.31	9.20	61.28	72.69
	有机肥	11.00	0.00	11.00	0.00	22.00	26.10
	灌溉水	0.37	0.14	0.39	0.13	1.02	1.21
	小计	32.22	1.05	41.70	9.33	84.30	100
输出	作物吸收	12.24	1.64	20.05	1.99	35.74	42.40
	损失	16.27	6.04	12.90	11.96	47.35	56.17
	土壤元素变动	+3.71	−6.63	+8.76	−4.62	+1.21	1.43
	期初	13.43	17.14	10.51	19.26	13.43	
	期末	17.14	10.51	19.26	14.64	14.64	

2）肥料利用效率

该系统周年对钾的吸收利用率为 42.40%,总体而言,黄瓜对钾吸收利用量要高于生菜。黄瓜的两茬中,秋冬茬黄瓜对氮吸收量为 20.05 kg/亩,高于春夏茬黄瓜的 12.24 kg/亩。生菜的两茬中,冬春茬生菜对氮吸收量为 1.99 kg/亩,高于夏茬的 1.64 kg/亩,两茬生菜差别并不大。

3）肥料残留在土壤中以及损失的比率

土壤 K_2O 期末含量为 14.64 kg/亩,高于期初的 13.43 kg/亩,周年土壤 K_2O 增加了 1.21 kg/亩,土壤残留量为输入量的 1.43%。周年 K_2O 输出中,损失所占比例为 56.17%,是氮磷钾三要素中唯一一个损失率高于作物吸收利用率的元素。

从以上对氮、磷、钾输入输出的研究可以看出,作物吸收比例占到 42.40%～56.04%,比文献所报道的 10%～30%[28,29]吸收率要高得多。主要原因可能是:一是本研究是按照作物需求的配方施肥方案进行试验的,肥料的投入相对较合理;二是在温室较封闭的条件下,养分的损失降低;此外可能与本温室是第二年种植的新设施,尚未产生土壤障碍有关。据孙光闻等[30]报道,在不合理的施肥量和施肥结构下,随着设施种植年限的增长,土壤中养分会不断积累,有出现土壤富营养化或次生盐渍化的倾向,肥料的利用率会大大降低。可见,在温室栽培条件下,只要养分管理合理,可以达到很高的物质流动效率。从本研究结果也可以看出,在本配方下,养分尤其是氮和磷在土壤中仍有一定的积累,因此,还需要经常根据土壤变化适时调整和优化施肥配方,避免次生盐渍化等土壤障碍的发生。此外,从本试验结果看,尽管在温室栽培条件下,肥料的淋溶等损失减少,但是氮磷钾的损失率仍然达到 31.18%～56.17%,可能是因为采用浇灌而不是精确滴灌的水分供应方法,有营养物质随水流出。因此,要进一步提高物质循环效率,还必须改进水分管理技术。其他的损失途径特别是钾素损失率高的原因还有待于进一步研究。

7.4　无土栽培条件下的物质流动特点

无土栽培就是不在传统的土壤上种植作物,而是通过一定的栽培设施形式,在一定的栽培基质中用营养液进行作物栽培的方式。无土栽培的主要优点是:作物栽培可以不受土壤条件的限制,从而可以在沙漠、滩地、荒土乃至太空舱上种植;可以避免长期连作造成的由土壤传染的病害和杂草的危害;生产的产品比较洁净、产量高、商品性好。

无土栽培分为营养液栽培(水培)和基质栽培。前者是以少量的岩棉或海绵为基质,或者完全不用基质,将植物浸在营养液中,用泡沫板等来固定植株。后者则以砂石、沙、蛭石、珍珠岩等无机物质或者草炭、菇渣、木屑等有机物质来代替土壤,作为植株的支撑物,其栽培形式与土壤较接近。

7.4.1　营养液栽培的物质流动特点

在营养液水培的方式上主要以深水培(DFT)和营养液膜培(NFT)为主体。

深水培技术:其设施包括种植槽、定植板块、地下储液池和营养液循环流动装置 4 个部分。特征是种植槽较深,栽培床上始终保持较深的营养液,植株悬挂于营养液的水平面上,根系浸没于营养液之中;营养液循环流动,既能提高营养液的溶存氧,又能消除根表面小局域微环境代谢产物的积累和养分亏损现象。其优点是根际的温度、营养液浓度和酸碱度等较稳定,对停电的缓冲性较高;但植株悬挂技术要求高,营养液深层易缺氧,需要有专门的供氧装置,同时由于营养液量大,需要较大的储液池、坚固较深的栽培槽和较大功率的水泵,建造投资和运行成本较大。

营养液膜栽培技术:是一种将作物种植在浅层流动的营养液中的水培方法。除了种植槽、储液池、营养液循环流动装置外,还需要间歇供液定时器、电导率自控装置、pH 自控装置、营养液温度调节装置等营养液供应的辅助设施。针对 DFT 种植槽笨重、成本高,同时液层深根系供氧困难的问题,NFT 的种植槽采用轻质材料,设施结构简单。特点是循环供应的营养液以数毫米的薄层流经栽培床底部,一部分根系浸在浅层营养液中吸收营养,另一部分则暴露于种植槽的湿气中,作物根际的水汽矛盾容易协调。施工简易,一次性投资少,但对停电的缓冲能力低。

此外,还有动态浮根法(DRF),浮板毛管水培法(FCH)和喷雾栽培法等。

水培的营养液是植物营养的来源。营养液的配制是根据作物对营养元素的需求,各种营养元素按照一定的比例配制而成。营养液一般分成果菜类通用型营养液和叶菜类通用型营养液,日本等国也有针对每种不同作物的营养液配方。营养液的 pH 一般呈弱酸性,营养液的浓度按照不同作物不同生长时期而有所不同,一般电导率(EC 值)为 $1.2 \sim 2.5$ ms/cm。

无论是哪种水培方式,在营养物质流动上都有共同特点,即都是通过营养液循环式利用的灌溉方式,因此,物质的流动过程较简单,只是营养液的输入和作物的吸收一个简单的过程。在营养液使用过程中,根据营养液酸碱度(pH)的变化和电导率(EC 值)的变化,结合观察作物的长势和长相,进行营养液的成分和浓度的即时调整,如此循环往复使用。而且营养液由于浓度较低,且为水溶液状态,几乎没有淋溶、挥发、硝化和反硝化等损失,所以从理论上而言,水培中营养物质的利用效率接近 100%。但事实上,当营养液经过长期反复使用,营养液中的成分难以确定,并影响到作物生长时,需要对营养液池中的营养液进行彻底更换。但是这种更换的次数和数量是很少的,根据李萍萍等的试验,营养液循环栽培下的养分利用效率至少可以达到 85% 以上,比土壤栽培方式要高得多。

但是营养液栽培在物质流动中也有不足之处,即作物需要的 16 种营养元素中除了碳、氢、氧三种元素来自空气中外,其他 13 种元素都必须来自营养液中,由于最小因子定律,缺少任何一种元素都会对作物的生长造成危害。所以,营养液必须是包含各种营养元素的全价营养液,与土壤栽培的施肥管理相比,营养液配制成本高。且营养液栽培中对营养液的管理需要有专门的知识,技术难度较大。

7.4.2　有机基质栽培的物质流动特点及氮素转化效率

在无土栽培中,用于固定植株并且能提供一定营养成分的基础物质统称为基质。无土栽培离不开基质,即使是营养液循环栽培方式,其育苗期间也必须使用基质。与土壤栽培相比,基质栽培可以减少土壤消毒的劳动力和物质费用,可以避免土壤传染的病害和杂草等问题,而且需要的设施费用与水培相比相对较少,在农业发达的西欧、北美一些国家,基质栽培面积不断扩大,且有部分取代营养液循环栽培的趋势。在我国基质栽培面积也越来越大。

基质栽培方式有槽栽、袋栽和盆栽等,我国生产上以槽栽为主。基质槽栽方法一般用砖块等材料在地上砌栽培槽或在栽培架上铺设栽培槽,用营养液滴灌或浇灌。基质槽具有一定的坡度,多余营养液可以从高的一头流经低的一头而集中到回收装置中或直接流出槽外。也有基质中施用固体肥料的,但是生产上应用比较少。

基质原料要求物理性状上粒径、容重和孔隙度等指标适中,以协调通气、透水和持水之间的关系;化学性状上 pH 为弱酸性至中性,不含有毒物质,不含对植物有害的特殊气味,对养分含量则没有一定要求。栽培基质分为有机基质和无机基质两大类,无机基质如蛭石、珍珠岩、沙等物质,含有很少养分,但化学性状稳定;有机基质主要有草炭、碳化稻壳、锯木屑、菇渣、醋糟等,基质中含有较多的植物能够利用的养分,但在使用过程中不断矿化,数量不断减少。实际使用中往往是蛭石、珍珠岩与草炭等有机无机的混合基质。由于有机基质和无机基质的性质不同,所以在养分的流动途径上也有明显的差别。

有机基质栽培中,由于基质中本身含有养分,所以养分的需求量较少。具体是否需要用营养液,营养液的用量和浓度等都要根据基质的具体情况而定。李萍萍等分别用制醋糟渣、造纸废渣和食用菌渣开发了醋糟基质、芦苇末基质和菇渣基质,其 EC 值为 1.2～1.8 ms/cm,比草炭高出 1 倍以上。与市场上的各种有机基质比较,醋糟的 EC 值最高,这一点说明醋糟供肥能力最强,但是在作物种植过程中芦苇末和菇渣基质的有机物矿化速率高于醋糟,所以两者的实际供肥能力与醋糟相比差距不大。这三种基质栽培过程中,采用营养液滴灌时,在作物生长前两个月内,营养液浓度可以仅为常规草炭基质的 1/3,营养液的成分只需氮、磷、钾三种元素。以后随着植物的生长及基质中营养不断地被吸收,营养液浓度可以加大到常规基质的 1/2～2/3,营养液的成分也需要增加钙、镁、铁几种元素。随着基质使用时间的延长,要根据作物的生长情况决定是否继续提高营养液浓度。当基质使用年限超过 1 年以上时,随着基质的矿化,需要添加新鲜基质。

李萍萍等在温室基质槽中采用菇渣槽栽的方式,以小白菜周年 9 茬栽培为例,进行了有机基质栽培中氮素的投入和产出试验。蔬菜生产中的氮素主要来源于菇渣中的有机氮,在试验后期施入了少量化学氮素。以亩为单位,进行投入产出分析,其试验结果如下所示。

氮投入量:菇渣基质 19 500 kg,其中的氮素含量为 1.20%,总有机氮为 234 kg;化学氮素 12 kg,总的氮投入量为 246 kg。

氮产出量:产出的小白菜鲜重为 27 600 kg,折合干重为 1785 kg,含氮量为 69 kg。

氮剩余量:经蔬菜周年栽培后,基质剩余 10 275 kg,残余基质及残茬中的含氮率为 1.28%,剩余基质中含氮量为 131.5 kg。

从这一试验结果计算出,蔬菜菇渣基质栽培中,氮素的转化率(产投比)为 28.0%,剩余率为 53.7%,而耗散率为 18.3%。氮素的耗散主要是有机物矿化过程中的损失,但这比一般露地土壤栽培的氮素耗散率大大降低。基质中的含氮量百分比与剩余基质中的含氮量百分比比较接近,表明蔬菜生产中所补充的无机氮素也较合理,正好维持菇渣基质中氮素平衡。

在土壤栽培中,计算物质转化效率时投入量中一般不考虑土壤中的总量,而只考虑肥料中的投入和土壤中的盈亏部分,而本例的基质栽培由于基质是氮肥的主要来源,所以计算在总投入量中。由于计算的方法不同,所以无法直接比较产投比例,但是损失量与吸收量的比例仍有可比性。在表 7.2 中的常规土壤加肥料栽培条件下,作物吸收与耗散的氮素之比为 1.38:1,而在有机基质栽培中,作物吸收与耗散的氮素之比为 1.53:1。可见,有机基质栽培的氮素转化效率要明显高于常规土壤栽培。

7.4.3　无机基质栽培条件下氮、磷、钾与作物产量的反应模型

无机基质有沙、砾石、岩棉、蛭石、珍珠岩、炉渣等,成分较稳定。由于无机基质一般不含养分或含有极少养分(如蛭石含有少量的磷元素),因此,所有的营养元素都是依靠人工投入,所需要的营养液必须是含有各种营养元素的全价营养液。但是在基质栽培条件下,基质对营养液的元素有一个吸附、滞留或缓冲作用,所以其营养液管理与水培中的营养液管理还存在一定的差异性。

为探讨基质栽培条件下的营养液合理配方及物质高效流动,李冬生等进行了不同氮磷钾配方对蔬菜生长影响的试验[31-38]。同时,针对国内外在产量-肥料反应模型研究中存在的一些不足,建立了基于配方施肥的温室生菜产量-氮磷钾反应分式模型,并对模型进行了验证。

1. 试验设计

试验地设在江苏大学农业工程研究院实验温室内,供试品种为意大利耐抽薹生菜,试验时间为2009年1~5月,2009年1月28日育苗,4月13日定植,5月23日采收,定植日至收获日共40天。试验采用三因素五水平二次正交旋转组合设计,共计处理21个,各处理氮、磷、钾含量见表7.5。各茬幼苗均于四叶一心时定植。采用枕式袋栽方式,袋的长×宽×高分别为1 m×0.2 m×0.3 m,株行距为25 cm×20 cm,每个处理栽培3袋。采用珍珠岩基质栽培。采用肥水一体化管理,将肥料配成营养液,定植后三天开始,半个月内每天浇营养液一次;定植后半个月后至收获前5天每天浇营养液两次;收获前5天停止浇营养液。试验装置见图7.2。

图7.2　生菜无土栽培装置

收获日称取各处理各株生菜鲜重,求平均值,所得数据用于确定产量-氮磷钾反应模型的参数。

2009年4~6月进行了另一个试验,方法同上。所得数据用于对生菜产量-氮磷钾反应模型的验证。

2. 不同施肥水平下的产量结果

氮磷钾三因素五水平二次正旋转设计的肥料试验的产量结果如表7.5所示。从表中可见,不同施肥水平下的产量变化为187.5~215.7 g/株。尽管产量的差异比施肥水平的差异小,说明基质对作物的养分系数具有一定的缓冲性,但产量差异仍达15%以上,因此需要找出产量与氮磷钾之间的关系规律。

表 7.5　试验处理方案及产量

NO.	全氮 /(mg/L)	磷 /(mg/L)	钾 /(mg/L)	产量 /(g/株)	NO.	全氮 /(mg/L)	磷 /(mg/L)	钾 /(mg/L)	产量 /(g/株)
1	280	62	351	205.7	12	224	7.75	273	200.9
2	280	62	195	208.8	13	224	38.75	468	199.3
3	280	15.5	351	209.5	14	224	38.75	117	195.0
4	280	15.5	195	192.6	15	224	38.75	273	214.5
5	168	62	351	205.7	16	224	38.75	273	214.1
6	168	62	195	215.5	17	224	38.75	273	214.0
7	168	15.5	351	200.4	18	224	38.75	273	215.7
8	168	15.5	195	187.5	19	224	38.75	273	214.7
9	350	38.75	273	196.1	20	224	38.75	273	215.2
10	140	38.75	273	204.8	21	224	38.75	273	214.8
11	224	77.5	273	211.6					

3. 温室生菜产量-氮磷钾反应模型及分析

1) 分式模型描述及拟合优劣判断标准

本节建立一类温室生菜产量-氮磷钾反应模型,称为分式模型,模型数学表达式为

$$F(N,P,K) = \frac{b_1 N^2 + b_2 P^2 + b_3 K^2 + b_4 NP + b_5 NK + b_6 PK + b_7 N + b_8 P + b_9 K + b_{10}}{1 + 0.001N + 0.001P + 0.003K} \tag{7.2}$$

式中,自变量 N、P、K 代表可供生菜吸收的氮肥、磷肥和钾肥量;F 代表生菜的产量,是 N、P、K 的函数,$b_i(i=1,2,3,\cdots,10)$ 为系数。

分式模型拟合优劣可通过比较分式模型估计值与实测值而得出,步骤为:先作分式模型估计值对实测值的线性回归,即用下式求出

$$F' = \alpha + \beta F \tag{7.3}$$

式中,F 和 F' 分别代表产量实测值和相应分式模型估计值;α、β 为参数。

其次求出 R^2 和残差标准误差 RSE,就可以判断出拟合好坏程度,R^2 越大说明模型拟合效果越好,同时,残差标准误差 RSE 越小,模型拟合效果也越好。

2) 分式模型参数确定与有效性验证

(1) 分式模型参数确定。使用 Gauss-Newton 非线性最小二乘法求分式模型的参数 $b_i(i=1,2,3,\cdots,10)$,把一组产量实测值 F 代入式(7.2)进行拟合就会得到一组参数。由于用此方法得到的参数与初始值设定有关,为了获得较好的一组参数,可采取如下步骤:首先将各组参数代入式(7.2),计算出产量估计值 F';然后,将 F 和 F' 代入式(7.3),作 F' 对 F 的线性回归;最后判断各回归的残差标准误差

RSE,选择 RSE 较小且符合实际意义的那一组参数。

　　利用 MATLAB(MATLAB7.0.267,the Math Works,nc. U. S. A.)编程,运用表 7.5 中的数据求出生菜产量在不同肥料组合下分式模型参数值见式(7.4)。各氮、磷、钾投入下产量实测值 F 和对应的估计值 F' 的线性回归结果如图 7.3 所示。

$$F(N,P,K) = \frac{-0.0027N^2 - 0.0152P^2 - 0.0012K^2 - 0.0038NP + 0.0007NK}{1 + 0.001N + 0.001P + 0.003K}$$
$$+ \frac{-0.0054PK + 1.3992N + 4.1488P + 1.3584K - 104.956}{1 + 0.001N + 0.001P + 0.003K}$$

$$(7.4)$$

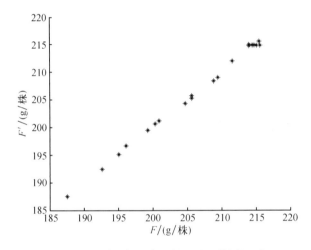

图 7.3　不同肥料组合下的 F 和 F' 线性回归

　　图 7.3 反映出 F 与 F' 线性关系很好。计算可知,F' 对 F 线性回归方程的拟合优度 R^2 为 0.9933,残差标准误差 RSE＝0.6961,系数 β＝0.9937,β 预测值的置信区间为 0.9937±0.0382,说明 F' 与 F 线性关系明显,分式模型估计值与实测值很相符。

　　(2) 分式模型有效性验证。为了进一步验证所建立的分式模型的有效性,采用 2009 年 4～6 月所获取的温室生菜产量数据进行了验证。首先运用非线性最小二乘法对式(7.2)进行拟合,求出生菜产量估计值 F';然后作 F' 对测量值 F 的线性回归,回归方程的 α、β、R^2、RSE 和 β 估计值的 95% 置信区间分别为 0.9227、0.9952、0.9949、1.2502 和(0.9618,1.029),相应的 F' 对 F 的线性回归图和残差分布图见图 7.4。

　　从结果看出,2009 年 4～6 月栽培生菜的拟合优度 R^2 在 0.99 以上,且残差标准误 RSE 很小,为 1.2502,由于 R^2 和 RSE 是反映线性拟合程度高低的重要判断标准,极高的 R^2 和很小的 RSE 说明线性关系非常明显,因此,生菜产量实测值 F 与分式模型估计值 F' 线性关系极强。

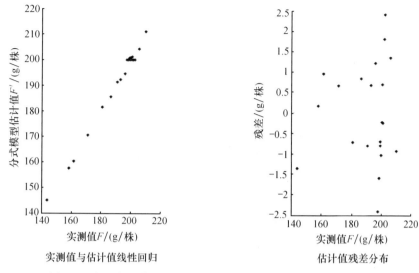

实测值与估计值线性回归　　　　　估计值残差分布

图 7.4　产量实测值 F 和分式模型估计值 F' 线性回归及残差分布

3) 基于分式模型的边际产量分析及初始主效应因素分析

根据式(7.4),可得氮、磷、钾的边际产量 MN、MP、MK 分别为

$$MN = \frac{-2.7 \times 10^{-6} N^2 - 0.0054(1 + 0.001P + 0.003K)N}{(1 + 0.001N + 0.001P + 0.003K)^2}$$

$$+ \frac{(-0.0038P + 0.0007K + 1.3992)(1 + 0.001P + 0.003K)}{(1 + 0.001N + 0.001P + 0.003K)^2}$$

$$- \frac{0.001(-0.0152P^2 - 0.0012K - 0.0054PK + 4.1488P + 1.3584K - 104.9568)}{(1 + 0.001N + 0.001P + 0.003K)^2}$$

$$(7.5)$$

$$MP = \frac{-1.52 \times 10^{-5} P^2 - 0.0304P(1 + 0.001N + 0.003K)}{(1 + 0.001N + 0.001P + 0.003K)^2}$$

$$+ \frac{(-0.0038N - 0.0054K + 4.1488)(1 + 0.001N + 0.003K)}{(1 + 0.001N + 0.001P + 0.003K)^2}$$

$$- \frac{0.001(-0.0027N^2 - 0.0012K^2 + 0.0007NK + 1.3992N + 1.3584K - 104.9568)}{(1 + 0.001N + 0.001P + 0.003K)^2}$$

$$(7.6)$$

$$MK = \frac{1.2 \times 10^{-6} K^2 - 0.0024K(1 + 0.001N + 0.001P)}{(1 + 0.001N + 0.001P + 0.003K)^2}$$

$$+ \frac{(0.0007N - 0.0054P + 1.3584)(1 + 0.001N + 0.001P)}{(1 + 0.001N + 0.001P + 0.003K)^2}$$

$$- \frac{0.003(-0.0027N^2 - 0.0152P^2 - 0.0038NP + 1.3992N + 4.1488P - 104.9568)}{(1 + 0.001N + 0.001P + 0.003K)^2}$$

$$(7.7)$$

从式(7.5)可知,氮的边际产量呈非线性,不仅受氮投入量的影响,而且受磷、

钾投入量的影响。磷、钾的边际产量也是如此。

由式(7.4)～式(7.7)可得出每株生菜产量最大时的可供吸收的氮、磷、钾投入量为

$$N = 193.56 \, \text{mg}, \quad P = 71.22 \, \text{mg}, \quad K = 190.94 \, \text{mg}$$

作出其他投入量为饱和值时的 MN、MP、MK 曲线,如图 7.5 所示。从图中可看出,磷的边际产量变化最快,其次是氮,变化最小的是钾。可见,饱和投入量状态下,影响产量的主效应因子为磷。当可吸收的氮投入量为 193.56 mg/株时,边际产量趋近零,产量达最大,之后边际产量转为负值,产量开始下降,出现氮过量而减产的现象。磷的变化趋势和氮相似,但变化较氮剧烈,可吸收的磷投入量为 71.22 mg/株时达到极大值点,此时,边际产量趋近于零,产量达最大。钾肥为 190.94 mg/株时产量达最高,低于或高于此水平都将造成产量降低。

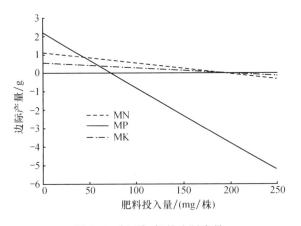

图 7.5　氮、磷、钾的边际产量

氮、磷、钾的初始主效应主要通过基质未投入任何肥料时的初始边际产量来体现,初始边际产量大的因素当做初始主效应因素。基质含有的氮、磷、钾初始量分别可假定为 0,经计算得出氮、磷、钾的边际产量分别为 1.11 g、2.21 g、0.56 g,即三因素对产量的影响程度为磷>氮>钾,磷肥是影响产量的主要因素。

4. 基于分式模型的氮、磷、钾互作效应分析

1) 氮、磷互作效应分析

令 $K = 0$,由式(7.4)得出氮、磷的互作效应方程为

$$F(N, P, 0) = \frac{-0.0027N^2 - 0.0152P^2 - 0.0038NP + 1.3992N + 4.1488P - 104.956}{1 + 0.001N + 0.001P}$$

$$(7.8)$$

作出氮、磷互作效应对产量的影响如表 7.6 所示,互作效应见图 7.6,经计算得 $N=138.00$ mg/株和 $P=131.95$ mg/株时产量最高。

表 7.6　氮、磷用量变化对产量的影响

条件/(mg/株)	因素变化	产量
$N<142.98,P<111.97$	$N\uparrow,P\uparrow$	$\uparrow$
$N>142.98,P<111.97$	$N\uparrow,P-$	$\downarrow$ 或先 $\uparrow$ 后 $\downarrow$,趋势及临界值与磷用量有关
	$N-,P\uparrow$	$\uparrow$ 或先 $\downarrow$ 后 $\uparrow$,趋势及临界值与氮用量有关
$N<142.98,P>111.97$	$N\uparrow,P-$	$\uparrow$ 或先 $\downarrow$ 后 $\uparrow$,趋势及临界值与磷用量有关
	$N-,P\uparrow$	$\downarrow$ 或先 $\uparrow$ 后 $\downarrow$,趋势及临界值与氮用量有关
$N>142.98,P>111.97$	$N\uparrow,P\uparrow$	$\downarrow$

注:"↑"表示"增加","↓"表示下降,"−"表示不变。

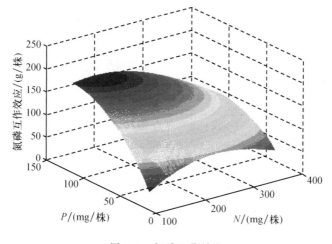

图 7.6　氮磷互作效应

2)氮、钾互作效应分析

令 $P=0$,由式(7.4)得出氮、钾的互作效应方程为

$$F(N,0,K)=\frac{-0.0027N^2-0.0012K^2+0.0007NK+1.3992N+1.3584K-104.956}{1+0.001N+0.003K}$$

$$(7.9)$$

氮、钾互作效应图见图 7.7,互作效应对产量的影响如表 7.7 所示。经计算得 $N=263.11$ mg/株及 $K=441.39$ mg/株时产量最高。

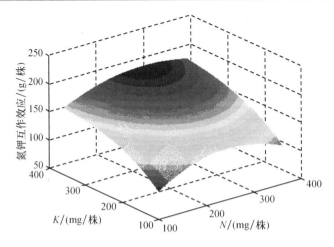

图 7.7　氮钾互作效应

表 7.7　氮、钾用量变化对产量的影响

条件/(mg/株)	因素变化	产　量
$N<272.04,K<390.73$	$N\uparrow,K\uparrow$	$\uparrow$
$N>272.04,K<390.73$	$N\uparrow,K-$	$\downarrow$ 或先 $\uparrow$ 后 $\downarrow$，趋势及临界值与钾用量有关
	$N-,K\uparrow$	$\uparrow$ 或先 $\downarrow$ 后 $\uparrow$，趋势及临界值与氮用量有关
$N<272.04,K>390.73$	$N\uparrow,K-$	$\uparrow$ 或先 $\downarrow$ 后 $\uparrow$，趋势及临界值与钾用量有关
	$N-,K\uparrow$	$\downarrow$ 或先 $\uparrow$ 后 $\downarrow$，趋势及临界值与氮用量有关
$N>272.04,K>390.73$	$N\uparrow,K\uparrow$	$\downarrow$

注："↑"表示"增加"，"↓"表示下降，"−"表示不变。

3）磷、钾互作效应分析

令 $N=0$，由式（7.4）得出磷钾的互作效应方程为

$$F(0,P,K)=\frac{-0.0152P^2-0.0012K^2-0.0054PK+4.1488P+1.3584K-104.956}{1+0.001P+0.003K}$$

(7.10)

磷钾互作效应对产量的影响如表 7.8 所示，互作效应图见图 7.8。经计算得 $P=111.73$ mg/株及 $K=108.79$ mg/株时产量最高。

表 7.8　磷、钾用量变化对产量的影响

条件/(mg/株)	因素变化	产　量
$P<111.73,K<108.79$	$P\uparrow,K\uparrow$	$\uparrow$
$P>111.73,K<108.79$	$P\uparrow,K-$	$\downarrow$ 或先 $\uparrow$ 后 $\downarrow$，趋势及临界值与钾用量有关
	$P-,K\uparrow$	$\uparrow$ 或先 $\downarrow$ 后 $\uparrow$，趋势及临界值与氮用量有关
$P<111.73,K>108.79$	$P\uparrow,K-$	$\uparrow$ 或先 $\downarrow$ 后 $\uparrow$，趋势及临界值与钾用量有关
	$P-,K\uparrow$	$\downarrow$ 或先 $\uparrow$ 后 $\downarrow$，趋势及临界值与氮用量有关
$P>111.73,K>108.79$	$P\uparrow,K\uparrow$	$\downarrow$

注："↑"表示"增加"，"↓"表示下降，"−"表示不变。

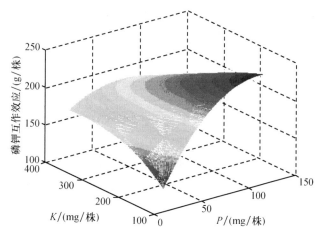

图 7.8　磷钾互作效应

7.4.4　分式模型与常用的二次多项式模型的比较

作物产量与肥料关系模拟中常用的模型是二次多项式模型,所以本章用二次多项式模型与本研究建立的分式模型进行比较。

用上节同样的试验数据,采用二次多项式,得到的模型形式为

$$F(N,P,K) = -0.0013N^2 - 0.0076P^2 - 0.0006K^2 - 0.0020NP + 0.0003NK$$
$$-0.0029PK + 0.5797N + 2.0792P + 0.3922K + 45.5848$$

$$(7.11)$$

分别应用二次多项式模型和分式模型计算饱和氮投入量、饱和磷投入量、饱和钾投入量、最大产量、主效应因素、拟合优度、最大绝对误差、最大相对误差和残差标准误差等参数,其结果列于表 7.9。

表 7.9　分式模型与二次多项式模型拟合产量参数比较

参　数	模型类型	
	分式模型	二次多项式模型
饱和氮/(mg/L)	193.56	202.09
饱和磷/(mg/L)	71.22	66.36
饱和钾/(mg/L)	190.94	223.96
最大产量/(g/株)	217.66	217.06
主效应因素	磷肥	磷肥
拟合优度	0.9977	0.9953
最大绝对误差/(g/株)	0.9167	0.9392
最大相对误差/%	0.42	0.44
残差标准误差	0.4249	0.5969

从表 7.9 中看出,两类模型的拟合优度都很高,均达 0.99 以上,分式模型的拟合优度、最大绝对误差、最大相对误差和残差标准误差要比二次多项式模型略优,故分式模型的拟合结果要略好于二次多项式模型。按分式模型计算的饱和氮、饱和磷、饱和钾投入量分别为 193.56 mg/L、71.22 mg/L、190.94 mg/L,而按二次多项式模型计算的饱和氮、饱和磷、饱和钾投入量分别为 202.09 mg/L、66.36 mg/L、223.96 mg/L。显然,分式模型的饱和氮、饱和钾的投入量要低于二次多项式模型,但饱和磷的投入量要高于二次多项式模型,这与实际生产比较符合。同时,分式模型计算的最大产量为 217.66 g/株,此值要略高于按二次多项式模型计算的217.06 g/株。两类模型都说明影响产量的主要因素为磷肥。综上所述,分式模型的拟合效果好于二次多项式模型。

参 考 文 献

[1]　Liu Z H,Jiang L H,Li X L,et al. Effect of N and K fertilizers on yield and quality of green-house vegetable crops. Pedosphere,2008,18(4):496-502.

[2]　王丽英,张彦才,翟彩霞,等.平衡施肥对连作日光温室黄瓜产量、品质及土壤理化性状的影响.中国生态农业学报,2008,16(6):1375-1383.

[3]　Moreno D A,Villora G,Romero L. Variations in fruit micronutrient contents associated with fertilization of cucumber with macronutrients. Scientia Horticulturae,2003,97(2):121-127.

[4]　段崇香,于贤昌.日光温室基质栽培黄瓜化肥吸收利用规律的研究.西北农业学报,2004,13(3):110-113.

[5]　Ruiz J M,Romero L. Cucumber yield and nitrogen metabolism in response to nitrogen supply. Scientia Horticulturae,1999,82(3):309-316.

[6]　Gutierrez-Miceli F A,Santiago-Borraz J. Vermicompost as a soil supplement to improve growth,yield and fruit quality of tomato (*Lycopersicum esculentum*). Bioresource Technology,2007,98(15):2781-2786.

[7]　Zaller J G. Vermicompost in seedling potting media can affect germination,biomass allocation,yields and fruit quality of three tomato varieties. European Journal of Soil Biology,2007,43:332-336.

[8]　Zaller J G. Vermicompost as a substitute for peat in potting media:effects on germination,biomass allocation,yields and fruit quality of three tomato varieties. Scientia Horticulturae,2007,112(2):191-199.

[9]　Topcu S,Kirda C,Dasgan Y,et al. Yield response and N-fertiliser recovery of tomato grown under defcit irrigation. European Journal of Agronomy,2007,26(1):64-70.

[10]　Toor R K,Savage G P,Heeb A. Influence of different types of fertilisers on the major antioxidant components of tomatoes. Journal of Food Composition and Analysis,2006,19(1):20-27.

[11] Chapagain B P, Wiesman Z. Effect of potassium magnesium chloride in the fertigation solution as partial source of potassium on growth, yield and quality of greenhouse tomato. Scientia Horticulturae, 2004, 99(3-4):279-288.

[12] Atiyeh R M, Subler S, Edwards C A, et al. Effects of vermicomposts and composts on plant growth in horticultural container media and soil. Pedobiologia, 2000, 44(3):579-590.

[13] Pavlou G C, Ehaliotis C D, Kavvadias V A. Effect of organic and inorganic fertilizers applied during successive crop seasons on growth and nitrate accumulation in lettuce. Scientia Horticulturae, 2007, 111(4):319-325.

[14] Wang P, Changa C M, Watson M E, et al. Maturity indices for composted dairy and pig manures. Soil Biology & Biochemistry, 2004, 36(5):767-776.

[15] Nunes J R, Cabral F, Lopez-Pineiro A. Short-term effects on soil properties and wheat production from secondary paper sludge application on two Mediterranean agricultural soils. BioresourceTechnology, 2008, 99(11):4935-4942.

[16] 黄毅, 张玉龙. 保护地生产条件下的土壤退化问题及其防治对策. 土壤通报, 2004, 35(2): 212-216.

[17] 李廷轩, 周健民, 段增强, 等. 中国设施栽培系统中的养分管理. 水土保持学报, 2005, 19 (4):70-75.

[18] 吴凤芝. 刘德, 王东凯, 等. 大棚蔬菜连作年限对土壤主要理化性状的影响. 中国蔬菜, 1998(4):5-8.

[19] 何文寿. 设施农业中存在的土壤障碍及其对策研究进展. 土壤, 2004, 36 (3):235-242.

[20] 刘兆辉, 聂燕, 刘雅俐. 山东省保护地土壤养分状况及施肥问题. 见:曹志洪, 周健民. 设施农业相关技术. 北京:中国农业科学技术出版社, 1999:273-278.

[21] 杜连凤, 刘文科, 刘建玲. 河北省蔬菜大棚土壤盐分状况及其影响因素. 土壤肥料, 2005, (3):17-19.

[22] 黄锦法, 李艾芬, 马树国, 等. 蔬菜保护地土壤障害的调查及矫治措施. 土壤肥料, 2002 (2):42-44.

[23] 李俊良, 崔德杰, 孟祥霞, 等. 山东寿光保护地蔬菜施肥现状及问题的研究. 土壤通报, 2002, 33 (2):126-128.

[24] 李见云, 侯彦林, 化全县, 等. 大棚设施土壤养分和重金属状况研究. 土壤, 2005, 37 (6): 626-629.

[25] 刘兆辉, 江丽华, 张文君, 等. 山东省设施蔬菜施肥量演变及土壤养分变化规律. 土壤学报, 2008, 45(2):296-303.

[26] 赵风艳, 吴凤芝, 刘德, 等. 大棚菜地土壤理化特性的研究. 土壤肥料, 2000, (2):11-13.

[27] 余海英, 李廷轩, 周健民. 设施栽培中逆境对园艺作物生长发育及其病害的影响. 土壤通报, 2006, 37(5):1027-1032.

[28] 闵炬, 施卫明. 不同施氮量对太湖地区大棚蔬菜产量、氮肥利用率及品质的影响. 植物营养与肥料学报, 2009, 15(1):151-157.

[29] 续勇波, 郑毅, 刘宏斌, 等. 设施栽培中生菜养分吸收和氮磷肥料利用率研究. 云南农业大

学学报,2003,18(3):221-227.

[30]　孙光闻,陈日远,刘厚诚.设施蔬菜连作障碍原因及防治措施.农业工程学报,2005,21(增刊):184-188.

[31]　Caliskan S,Ozkaya I,Caliskan M E,et al. The effects of nitrogen and iron fertilization on growth,yield and fertilizer use effi ciency of soybean in a Mediterranean-type soil. Field Crops Research,2008,108(2):126-132.

[32]　Baethgen W E,Christianson C B,Lamothe A G. Nitrogen fertilizer effects on growth,grain yield,and yield components of malting barley. Field Crops Research,1995,43(2-3):87-99.

[33]　Lobell D B. The cost of uncertainty for nitrogen fertilizer management:a sensitivity analysis. Field Crops Research,2007,100(2):210-217.

[34]　Muchow R C. Nitrogen utilization efficiency in maize and grain sorghum. Field Crops Research,1998,56(1):209-216.

[35]　Kindred D R,Verhoeven T M O,Weightman R M,et al. Effects of variety and fertiliser nitrogen on alcohol yield,grain yield,starch and protein content,and protein composition of winter wheat. Journal of Cereal Science,2008,48(1):46-57.

[36]　徐福利,梁银丽,杜社妮.黄土高原日光温室黄瓜合理施肥用量及优化施肥模式研究.干旱地区农业研究,2005,23(1):75-80.

[37]　陈晓红,邹志荣,李军,等.温室黄瓜配方施肥 N,P,K 模型构建.西北农林科技大学学报(自然科学版),2003,31(26):85-89.

[38]　艾希珍,张振贤,何启伟,等.早春日光温室黄瓜氮肥施用密度与产量的关系.中国蔬菜,2001,2:11-13.

第8章 温室生态经济系统价值流动

温室生态经济系统是一个多层次相互联系、相互作用的复杂系统,它除了具有一般生态系统能量流动、物质循环和信息交换的特点外,作为社会、经济的复合生态经济系统,也具有自身的价值流动特征。对温室生态经济系统价值流动进行分析,不仅有助于了解从而改善系统内部结构,提高系统生产力,而且还有利于从总体上加强资金调控,实现价值增值。

国内外对生态经济系统的价值流进行了大量的理论研究和实证研究,如下有生对农业生态工程价值流分析的途径和方法进行了研究[1],王汉芳等研究了农业生态经济系统价值流的内涵、特征和影响因素等[2],宋秀杰等研究了价值流动效率评价的投入产出法[3]。研究对象包括渔业[4]、干旱区典型绿洲农业生态经济系统[5]、大牧场[6-8]、高寒草地[9,10]、旱地[11]、农田[12]、棉田[13]等,但很少对温室生态经济系统价值流动进行理论探讨。同时对生态经济系统价值流动效率评价也存在一些不足,如未全面计算人工成本(未包括农户本身劳动投入)而使总投入虚减而导致投入产出比虚增等。本章探讨不同温室类型价值流动的特征,并采用本量利分析法研究提高温室生态经济系统价值流动效率的途径。

8.1 温室生态经济系统价值流动及流动效率

8.1.1 温室生态经济系统价值流动概述

温室生态经济系统价值流动是指系统在其能量流动和物质循环基础上所表现出来的资金运动过程,即从原材料(瓜果蔬菜种子、花卉幼苗等)转变为产成品(可出售的瓜果、蔬菜、花卉等),并给它赋予价值的全部活动,包括从供应商处购买种子、幼苗等原材料到达温室,对其进行栽培后转变为产成品再交付客户的全过程。一个完整的价值流包括增值和非增值活动,如供应链成员间的沟通、物料的运输、生产计划的制订和安排以及从原材料到产品的物质转换过程等。温室生态经济系统价值流动可以从以下方面理解。

第一,温室生态经济系统价值流动的表现形态为资金运动。温室生态经济系统价值是凝结系统内的劳动产品、在产品中的抽象劳动,伴随着系统内能量和物质的流动,便形成了价值流。从价值流动与资金运动的关系而言,价值流动是资金运动的本质属性,资金运动是价值流动的表现形态,对温室生态经济系统也是如此。对一个价值循环而言,最初,价值流表现为储备资金,当温室生产者购买原材料(瓜果蔬菜种子、花卉幼苗等)和辅助材料(肥料、农药等)进行作物栽培后,储备资金转化为生产资金,当温室产品实现交换成为商品时,价值流流量将以货币单位度量,于是价值流便成为以货币符号标定的货币流。

第二,温室生态经济系统价值流动与系统的能量流动和物质流动紧密相连。温室生态经济系统包括三个最基本的功能:能量流动、物质流动和价值流动,这三个功能相互联系、密切配合,缺一不可。

在温室生态经济系统中,能量流动是驱动力。温室内的绿色植物通过光合作用,把太阳能转化为化学能储存在合成的有机物中,通过温室生产者的人为活动,将植物中的化学潜能带出温室外,沿食物链传递。辅助能可以改善温室植物的生活环境,促进温室植物对太阳辐射能的转化,改变温室植物能量转化的时间和空间过程。

物质是温室生态经济系统能量的载体,没有物质循环也就没有能量流动。通过物质流,能量得以转化,产品得以生产,价值得以形成。

价值流动是温室生产的目的,是以能量流动和物质循环为基础的。人们建造生产温室的主要目的是通过制订周密的生产计划和加强日常管理,生产产品并出售产品以获取利润。温室生态经济系统价值流动的结果就是实现价值,从而获取收入。价值流是伴随经济物质流而流转的,即伴随温室植物通过"生产—分配—交换—消费—环境"的流动过程,在社会经济部门之间周而复始的循环流动。但价值流动并不与经济物质流同步,这是因为作为自然再生产和经济再生产结合体的温室生态经济系统,其自然再生产和经济再生产是相互独立的,温室生态经济系统资金运动有时会先于或滞后于物质流动。

第三,温室生态经济系统价值流动是一个复杂的过程,是供应、生产、销售和分配阶段的统一。温室生态经济系统的价值流动包括四个阶段:供应阶段、生产阶段、销售阶段和分配阶段。供应阶段是价值流动的准备阶段,负责筹备人才、生产资料和资金,为生产做准备,如购买种子、种苗、肥料、基质、雇用工人等。生产阶段是价值流中起决定作用的阶段,在这一阶段,通过精心栽培,温室种子和幼苗变成可销售的作物和花卉,实现价值增值。销售阶段是价值实现阶段,生产阶段生产的物质价值在这里得以体现,通过销售,回收全部或部分投入的资金。分配阶段是资金和物质的分配环节,调节整个系统价值流的循环过程。价值流在整个温室生态经济系统中不断循环流动,随着生产的不断进行,资金经历不同形态不断运动,依次经过供应阶段、生产阶段、销售阶段和分配阶段,实现生产成果的价值,完成价值增值。价值流动的快慢,直接影响经济效益的大小。价值流的四个阶段是相互依存、相互促进、相互衔接,任何一个阶段出问题,整个系统就不能正常运转。

第四,不同类型温室生态经济系统价值流的稳定性和所遵循的经济规律不同。

根据农产品的社会属性可将温室生态经济系统的价值流分为生理需求产品的价值流和社会需求产品的价值流。如果该温室产品主要用于满足人类的衣食住行等需要,那么它就属于生理需求产品,其价值流向和价值流量都是相对稳定的,如生产型温室果蔬产品的价值流。如果该温室产品主要用于满足人类的社会活动需要,则这类农产品属于社会需求产品,其价值流向和价值流量的波动性很强,如温室观赏植物类产品的价值流。

根据温室产品的经济属性可将价值流分为交易性价值流和非交易性价值流。所谓交易性农产品是指生产者所生产的用来满足市场交易需求的农产品,这类农产品的价值流向和价值流量影响市场需求规律,生产型温室的价值流属于交易性价值流。非交易性农产品则是那些生产者通过生产该产品以满足自身需求的产品,这类产品不进入市场体系进行交易,其价值流量不受价值规律影响,如科学研究类温室的价值流属于非交易性价值流。

8.1.2 温室生态经济系统价值流动效率

温室生态经济系统价值流动效率,即经济效益,是指温室生产经营活动中产生的经济效益及其相应的收益,反映产出的经济成果与消耗的资源总量之比。一般用温室生产经营活动中的产出与投入之比来表示。

从事任何生产活动都需要劳动投入,并取得相应成果,温室生产活动也不例外,温室生产活动劳动投入包括劳动消耗或劳动占用,前者是生产过程中活劳动或物化劳动的消耗,如人工费、种子购买费用、一次性使用基质购买费用等,后者包括再生产过程中的全部劳动占用,即固定资金和流动资金的平均占用,如温室建造费用、调控设施投资费用、农具等。产出表现为产品,从其表现形态有使用价值和价值两种形态。温室生态经济系统价值流动效率的基本内容是把产出与投入进行比较,即一定的投入获得的产出越大,或者一定的产出投入越少,则价值流动效率越好。

8.2 温室生态经济系统价值流动模型

温室生态经济系统价值流动模型框图如图 8.1 所示,温室生态经济系统价值流动主要分为三个阶段,即价值投入阶段、价值增值阶段和价值实现阶段。

图 8.1 温室生态经济系统价值流动模型

1) 价值投入

温室生态经济系统价值投入是指一年(或一个生产周期)内投入到单位面积的温室生产中的价值量,即为温室生产的成本费用,反映了可用货币计量的能量和物质输入温室生态经济系统的状况。

温室生态经济系统价值投入可以按照经济内容和经济用途进行分类。按照经济内容,可以把温室生态经济系统价值投入分为外购材料与燃料、外购动力、职工薪酬、折旧费、利息费用、税金和其他支出七个要素,具体分类如表 8.1 所示。按照经济用途可分为计入产品成本的生产费用即制造成本和不计入产品成本的期间费用,具体分类如表 8.2 所示。

表 8.1　温室生态经济系统价值投入要素(按经济内容分类)

要　素	涵　义
外购材料与燃料	为进行生产经营而耗用的一切从外部购进的原料及主要材料、半成品、包装物、低值易耗品以及各种燃料,如温室资材、种子秧苗费、农药费、肥料费、燃料费、穴盘、花盆、包装箱、灌溉用水费、栽培基质
外购动力	为进行生产经营而耗用的一切从外部购进的各种动力,如电
职工薪酬	支付的用工费用,包括工资、福利费、津贴等
折旧费	按规定计提的固定资产折旧费
利息费用	计入生产经营管理费用的负债利息净支出
税金	应计入成本费用的各种税金
其他支出	发生的不属于以上各要素而应注入产品成本或期间费用的支出,如差旅费、承包费等

表 8.2　温室生态经济系统成本(费用)项目

成本或费用项目		涵　义
制造成本	直接材料	
	直接人工	温室生产过程中,直接从事产品生产的职工薪酬
	制造费用	为温室生产而发生的各项间接费用,如折旧费、生产用水电费、劳动保护费、季节性停工损失等
期间费用	销售费用	销售温室产品过程中发生的费用,如销售人员薪酬、差旅费等
	管理费用	为组织和管理生产所发生的各项费用,如生产管理人员的职工薪酬、办公费等
	财务费用	为筹建生产经营所需资金而发生的各项费用,包括利息支出(减利息收入)及相关手续费等

　　注:按经济用温室生产过程中直接用于产品生产、构成产品实体或有助于产品实体形成的原料及主要材料、半成品、包装物、低值易耗品以及各种燃料等,如种子秧苗费、农药费、肥料费、燃料费、包装箱、灌溉用水费、栽培基质等用途分类。

2) 价值增值

温室生态经济系统的价值增值是指单个温室或单位面积温室一年内或一个生

产周期内生产的植物产品(花卉或瓜果蔬菜),即生物体的自然再生产过程所增加的价值量,它反映温室生态经济系统一年内所创造的除去投入价值外的价值量。

3) 价值实现

温室生产的主要目的是获取经济收益,温室生态经济系统每年产生的农作物产品形式的价值量绝大部分被带出,这部分所具有的价值量就是温室生态经济系统价值实现量,它是温室生态经济系统经济效益的主要部分。

8.3　温室生态经济系统价值投入与产出分析

8.3.1　数据来源

采用 6.4 节中在上海市和苏南地区生产温室 2008 年调查统计的数据,对玻璃自控温室、连栋塑料温室和单栋塑料大棚生产上有代表性的三种类型温室的价值流动特点进行分析和比较。

8.3.2　生产温室价值投入分析

1) 不同类型温室种植类型的价值投入总体比较

将三种类型 13 个蔬菜温室中的基本经营情况调查数据进行统计分析,计算出一年中各种温室类型平均每亩土地的价值投入状况,如表 8.3 所示。其中,玻璃自控温室采用基质栽培,连栋塑料温室和单栋塑料大棚采用土壤栽培。机会成本率按 10% 计,除固定资产折旧外,其余项目的机会成本计算基数按实际成本的一半计算。

表 8.3　生产温室价值投入(元/亩)统计表

温室类型	编号	种植方式	建造费用折旧	种子(苗)费	农药费	肥料费	基质费	人工费	水电费	加温费	其他费用	机会成本	总计
玻璃自控温室	①	番茄	25 335	1 295	133	6 667	1 200	28 800	5 177	4 000	2 187	5 006	79 800
	②	甜椒	25 335	1 405	133	6 667	1 000	28 800	5 177	4 000	2 187	5 002	79 706
	③	黄瓜	25 335	1 300	133	6 667	1 000	28 800	5 177	4 000	2 187	4 997	79 596
	④	黄瓜	15 834	2 000	260	2 500	1 302	11 232	5 177	5 209	1 042	3 020	47 576
	⑤	番茄	15 834	1 950	260	2 500	1 302	11 232	5 177	5 209	1 042	3 017	47 523

温室类型	编号	种植方式	建造费用折旧	种子（苗）费	农药费	肥料费	基质费	人工费	水电费	加温费	其他费用	机会成本	总计
连栋塑料温室	⑥	米苋-番茄-小白菜等	2 933	285	203	280	0	11 520	598	0	50	940	16 809
	⑦	香菜-米苋-小白菜等	2 933	300	203	269	0	11 520	593	0	50	940	16 805
	⑧	黄瓜-豇豆-荠菜	2 933	208	245	323	0	11 520	623	0	45	942	16 839
单栋塑料大棚	⑨	西瓜-辣椒	916	275	320	285	0	11 520	713	0	100	752	14 881
	⑩	西瓜-西红柿	916	250	320	289	0	11 520	713	0	100	751	14 859
	⑪	香菜-米苋-小白菜等	993	300	200	269	0	11 520	593	0	50	746	14 671
	⑫	黄瓜-豇豆-荠菜	993	208	255	323	0	11 520	623	0	45	748	14 715
	⑬	米苋-番茄-小白菜等	993	285	203	280	0	11 520	598	0	50	746	14 675

从表 8.3 可以看出,玻璃自控温室(编号为①～⑤)价值年投入额在 47 523 元/亩以上,远远高于其他类型,这是高投入类型,主要原因在于玻璃自控温室的设施投入大,设施投入占总投入百分比为 31.75% 以上。连栋塑料温室(编号为⑥～⑧)年投入额为 16 809～16 839 元/亩,属于中等投入类型。单栋塑料大棚(编号为⑩～⑬)年投入额最低,在 14 881 元/亩以下,是温室园艺中的低投入类型。

2) 不同生产温室种植类型的价值投入特征分析

从表 8.3 中的相关指标中可以发现,不同温室种植类型的价值投入的内部结构不尽相同。玻璃自控温室价值投入包含基质投入和加温投入,连栋塑料温室和单栋塑料大棚则不包含这两项。不同温室种植类型的各价值投入项目占总投入百分比不一样。对表 8.3 资料进行整理,归类各类成本及比例如表 8.4 所示,表中的各类成本均含机会成本。

表 8.4　生产温室价值投入平均值

温室类型	金额或比例	温室框架结构	人工费	环境调控	肥料与基质	基本生产资料	其他费用
玻璃自控温室	金额/(元/亩)	23 688	22 861	10 144	6 469	1 862	1 729
	比例/%	35.49	34.25	15.20	9.69	2.79	2.59
连栋塑料温室	金额/(元/亩)	3 227	12 096	635	305	504	48
	比例/%	19.19	71.94	3.78	1.81	3.00	0.29
单栋塑料大棚	金额/(元/亩)	1 058	12 096	681	304	549	72
	比例/%	7.17	81.95	4.61	2.06	3.72	0.49

玻璃自控温室框架结构成本(固定资产折旧)平均为 23 688 元/亩,占 35.49%,排在首位;其次是人工费的 22 861 元/亩,占 34.25%;环境调控成本为 10 144 元/亩,居第三,比例为 15.20%;肥料与基质为 6469 元/亩,比例为 9.69%;种子、农药等基本生产资料费用最低,共为 1862 元/亩,占 2.79%。

单栋塑料大棚人工费最大,平均达到 12 096 元/亩,占总投入的 81.95%;其他投入均不超过 10%,如框架结构成本(固定资产折旧)为 1058 元/亩,比例为 7.17%;环境调控成本为 681 元/亩,占 4.61%;肥料费用和种子、农药等基本生产资料所占比例更少。

由于连栋塑料温室的固定资产投入比单栋塑料大棚要高,导致其人工费所占比例有所下降,但仍然占总投入的 71.94%;其次为框架结构成本(固定资产折旧)的 3227 元/亩,占总投入的 19.19%;其他三类所占比例不大,数量也不多,环境调控成本亩均为 635 元,占 3.78%;农药和种子等基本生产资料亩均为 504 元,占 3.00%;肥料费用亩均为 305 元,仅占 1.81%。

8.3.3　生产温室价值产出及价值流动效率分析

计算出一年中 13 个生产温室样本亩均产量和收入如表 8.5 所示,根据表 8.3 和表 8.5 计算出三种类型温室亩均年投入、产出及产投比如表 8.6 所示。

表 8.5　生产温室亩收入

玻璃自控温室		连栋塑料温室		单栋塑料大棚	
编号	亩收入/(元/年)	编号	亩收入/(元/年)	编号	亩收入/(元/年)
①	92 733	⑥	20 500	⑨	18 300
②	92 667	⑦	20 100	⑩	18 340
③	95 133	⑧	21 000	⑪	18 200
④	56 560			⑫	17 720
⑤	59 360			⑬	17 700

表 8.6　生产温室亩均投入、产出与产投比

温室类型	玻璃自控温室	连栋塑料大棚	单栋塑料大棚
产出均值/(元/亩)	79 291	20 533	18 052
投入均值/(元/亩)	66 840	16 818	14 761
净收益均值/(元/亩)	12 451	3 715	3 291
产投比均值	1.186	1.221	1.223

从表 8.5 和表 8.6 可以看出,玻璃自控温室年产出额为 56 560~95 133 元/亩,平均值为 79 291 元/亩,远远高于塑料大棚,这是高产出类型。单栋塑料大棚

年产出额最低,为 17 700~18 340 元/亩,平均值为 18 052 元/亩,为低产出类型。连栋塑料温室年产出额平均值为 20 533 元/亩,与玻璃自控温室差距较大。玻璃自控温室单位面积年产出最大,比连栋塑料温室土壤栽培提高 3.9 倍,比单栋塑料大棚提高 4.4 倍。温室设施蔬菜净收益远远高于江苏省普通蔬菜,约 1700 元/亩[①]。

根据三种生产温室种植类型的价值投入与价值产出计算出产投比如表 8.6 所示。从表中可知,各生产温室种植类型的产投比为 1.19~1.22,均大于 1,说明它们在本年度有盈利没有亏损。从表 8.6 可以看出,单栋塑料大棚尽管产出最低,但产投比平均值为 1.223,在三类温室中最高,主要原因是投入低。连栋塑料温室的投入产出比为 1.221,与单栋塑料大棚相比,因为建造费用投入高,导致产投比略低。玻璃自控温室的产出远高于其他温室,但产投比最低,平均值仅为 1.186,主要原因是其固定资产投入、人工投入及环境调控投入均高。温室设施蔬菜产投比高于江苏省普通蔬菜的 1.183[①]。由于本研究中所调查的温室蔬菜种植方式有限,所以以上结论只反映了一个不同类型温室的大体趋势,总体而言,价值的产投比与能量产投比基本一致。事实上,温室价值流动效率高低受经营者管理水平,以及所种植植物的产品价格的影响很大。李冬生等同时还调查了以种植花卉为主体的玻璃自控温室的生产经营情况,在相同的能量、物质和价值投入下,由于鲜花(凤梨、粉掌)的销售价值高,所以虽然能量转化效率与同类温室相近,但价值流动效率达到 1.3 以上,高于种植蔬菜的同类温室。

8.3.4　提高温室生态经济系统价值流动效率的本量利分析

1. 本量利分析描述

1) 基本假设

本量利分析(CPV 分析)即成本-数量(产量或销售量)-利润三者关系的分析的简称,是指在成本性态分析的基础上通过对成本、业务量和利润三者关系的分析,揭示变动成本、固定成本、销售量、销售单价和利润等诸多变量之间的内在规律性联系的一种定量分析方法。对温室生态经济系统进行本量利分析需要建立一些假定条件,主要包括以下几个方面。

种植面积假定:假定温室生产在一个温室内进行,温室面积均折合成以亩为单位以便与前面的投入、产出分析衔接。

种植密度和单株产量假定:蔬菜作物的种植密度不变,并且生产均匀,单株产量接近。

---

① 根据 2008 年调研苏南多地露地蔬菜的亩收入、人工费用与肥料费用等计算出。其中,亩收入约为 11 000 元,人工费为 9000 元/年,肥料费用为 300/亩。

　　单位售价假定:单价不因销售量的变化而改变,也不因上市季节而改变,因此,收入函数是直线方程。

　　成本性态分析的假定:所有成本均可按成本性态分为变动成本与固定成本。根据以上假定,温室固定资产折旧、加温费为固定成本,种子(苗)费、农药费、肥料费、基质费、水电费、人工费为变动成本,其他成本假定为固定成本。

　　产销平衡和品种结构稳定的假定:在只安排一种作物生产的条件下生产出来的农产品总是可以找到市场以实现产销平衡。对于多种作物生产,假定产品结构不发生变化。

　　数据可靠性的假设:在进行本量利分析时,所使用的财务数据是真实可靠的,而且根据这些数据所确定的固定成本和变动成本也是真实可靠的。

　　2) 本量利分析模型

　　本量利分析所考虑的相关因素主要包括单价、单位变动成本、销售量、固定成本、销售收入和营业利润。利润是本量利分析的核心,计算利润的基本公式即本量利分析的基本数学模型。

　　设单位面积平均产量为 a kg/m^2,或 a 盆/m^2,种植面积为 S m^2,则产销量 q 为

$$q(\mathrm{kg}) = aS, \quad S \leqslant 666.7 \ \mathrm{m}^2 \tag{8.1}$$

　　设种子(苗)费的单位成本为 vc_1 元/m^2,农药费为 vc_2 元/m^2,肥料费为 vc_3 元/m^2,基质费为 vc_4 元/m^2,水电费为 vc_5 元/m^2,人工费为 vc_6 元/m^2,则 S m^2 的单位变动成本 vc 和总变动成本 VC 分别为

$$\mathrm{vc} = \sum_{i=1}^{6} \mathrm{vc}_i \tag{8.2}$$

$$\mathrm{VC} = \sum_{i=1}^{6} \mathrm{vc}_i S = \frac{q}{a} \sum_{i=1}^{6} \mathrm{vc}_i \tag{8.3}$$

　　设一个温室固定资产折旧为 FC_1 元,一个温室的加温费为 FC_2 元,其余成本为 FC_3 元,则一个温室的总固定成本 FC 为

$$\mathrm{FC} = \sum_{l=1}^{3} \mathrm{FC}_l \tag{8.4}$$

　　又设销售单价为 p 元/kg,则 S m^2 的总销售收入 TR 为

$$\mathrm{TR}(元) = pq \tag{8.5}$$

　　由式(8.1)~式(8.5)可得出一个温室的总利润 $\varPi$ 为式(8.6),式(8.6)即为本量利分析的基本数学模型:

$$\varPi = \left(p - \frac{1}{a} \sum_{i=1}^{6} \mathrm{vc}_i \right) q - \sum_{l=1}^{3} \mathrm{FC}_l \quad q \leqslant 666.7a \tag{8.6}$$

　　3) 保本点

　　温室生态经济系统的保本点也称为盈亏临界点,是指收入与成本(或费用)相

等时的产量或销售量。由式(8.6)令利润 Π 为 0 就可求出保本点 $\bar{q}$ 为

$$\bar{q} = \frac{\sum\limits_{l=1}^{3} \mathrm{FC}_l}{p - \dfrac{1}{a}\sum\limits_{i=1}^{6} \mathrm{vc}_i} \tag{8.7}$$

4）保利点

温室生产的目的是最大限度地获取利润,仅保本是不能使温室再生产进行下去的。因此,需要分析目标利润下的产量或销售量,即保利点。目标利润为 $\bar{\Pi}$,保利点为 $\bar{q}$,由式(8.6)可得

$$\bar{q} = \frac{\bar{\Pi} + \sum\limits_{l=1}^{3} \mathrm{FC}_l}{p - \dfrac{1}{a}\sum\limits_{i=1}^{6} \mathrm{vc}_i} \tag{8.8}$$

2. 敏感性分析

式(8.6)中单价、销量、各项变动成本、各项固定成本的变化都会引起利润的变化,但是它们的影响程度各不相同,有的因素发生微小变化会使利润发生很大的变动,利润对这些因素的变化十分敏感,称这类因素为敏感因素。与此相反有些因素发生变化后利润的变化不大,反应比较迟钝,称这类因素为非敏感因素。反应敏感程度的指标为敏感系数,定义敏感系数为因素变化 1% 时利润变化的百分数,各因素的敏感系数分别如下。

(1) 销售单价的敏感系数 T_1 见式(8.9),该式表明销售单价增加(减少)1%,利润将增加(减少) $\left(\dfrac{pq}{\Pi}\right)$%,利润与销售单价同方向变化。

$$T_1 = \frac{pq}{\Pi} \tag{8.9}$$

(2) 产销量 q 的敏感系数 T_2 见式(8.10),式(8.10)表明产销量增加(减少)1%,利润将增加(减少) $\left[\dfrac{\left(p - \dfrac{1}{a}\sum\limits_{i=1}^{6}\mathrm{vc}_i\right)q}{\Pi}\right]$%,利润与产销量同方向变化。

$$T_2 = \frac{\left(p - \dfrac{1}{a}\sum\limits_{i=1}^{6}\mathrm{vc}_i\right)q}{\Pi} \tag{8.10}$$

(3) 基本生产资料的敏感系数 T_3。基本生产资料包括种子(苗)和农药等,基本生产资料的敏感系数 T_3 见式(8.11),式(8.11)表明基本生产资料费用增加(减少)1%,利润将减少(增加) $\left[\dfrac{(\mathrm{vc}_1 + \mathrm{vc}_2)q}{a\Pi}\right]$%,利润与基本生产资料反方向

变化。

$$T_3 = \frac{(\mathrm{vc}_1 + \mathrm{vc}_2)q}{a\varPi} \tag{8.11}$$

（4）肥料和基质的敏感系数 T_4 见式（8.12），式（8.12）表明肥料和基质费用增加（减少）1%，利润将减少（增加）$\left[\dfrac{(\mathrm{vc}_3 + \mathrm{vc}_4)q}{a\varPi}\right]$%，利润与肥料和基质费用反方向变化。

$$T_4 = \frac{(\mathrm{vc}_3 + \mathrm{vc}_4)q}{a\varPi} \tag{8.12}$$

（5）环境调控的敏感系数 T_5。环境调控费用包括水电费和加温费等，环境调控的敏感系数 T_5 见式（8.13），式（8.13）表明环境调控费用增加（减少）1%，利润将减少（增加）$\left(\dfrac{\mathrm{vc}_5 q/a + \mathrm{FC}_2}{\varPi}\right)$%，利润与环境调控费用反方向变化。

$$T_5 = \frac{\mathrm{vc}_5 q/a + \mathrm{FC}_2}{\varPi} \tag{8.13}$$

（6）人工费的敏感系数 T_6 见式（8.14），式（8.14）表明人工费增加（减少）1%，利润将减少（增加）$\left(\dfrac{\mathrm{vc}_6 q}{a\varPi}\right)$%，利润与人工费反方向变化。

$$T_6 = \frac{\mathrm{vc}_6 q}{a\varPi} \tag{8.14}$$

（7）温室框架结构敏感系数 T_7。温室框架结构即温室固定资产折旧的敏感系数 T_7 见式（8.15），式（8.15）表明温室框架结构投入增加（减少）1%，利润将减少（增加）$\left(\dfrac{\mathrm{FC}_1}{\varPi}\right)$%，利润与温室框架结构投入反方向变化。

$$T_7 = \frac{\mathrm{FC}_1}{\varPi} \tag{8.15}$$

（8）其他固定成本的敏感系数 T_8 见式（8.16），式（8.16）表明其他固定成本增加（减少）1%，利润将减少（增加）$\left(\dfrac{\mathrm{FC}_3}{\varPi}\right)$%，利润与其他固定成本反方向变化。

$$T_8 = \frac{\mathrm{FC}_3}{\varPi} \tag{8.16}$$

（9）单位变动成本的敏感系数 T_9 见式（8.17），式（8.17）表明单位变动成本增加（减少）1%，利润将减少（增加）$\left(\dfrac{\dfrac{q}{a}\sum\limits_{i=1}^{6}\mathrm{vc}_i}{\varPi}\right)$%，利润与单位变动成本反方向变化。

$$T_9 = \frac{\dfrac{q}{a}\sum\limits_{i=1}^{6}\mathrm{vc}_i}{\varPi} \tag{8.17}$$

（10）固动成本总额的敏感系数 T_{10} 见式（8.18），该式表明固动成本总额增加（减少）1%，利润将减少（增加）$\left(\dfrac{\sum\limits_{l=1}^{3}\mathrm{FC}_l}{\varPi}\right)$%，利润与固动成本总额反方向变化。

$$T_{10}=\frac{\sum\limits_{l=1}^{3}\mathrm{FC}_l}{\varPi} \tag{8.18}$$

3. 研究实例

下面以玻璃自控温室种植黄瓜为例，说明本量利分析过程。其他各种温室类型的分析方法和过程与此类似。

1）基础资料

根据调研资料整理样本③有关单价、各单位变动成本、各种固定成本如表 8.7 所示，单位面积平均产量为 25.2 t/亩，平均售价为 3775.13 元/t。

表 8.7　玻璃自控温室黄瓜单位变动成本与固定成本

单位变动成本		固定成本	
名称	金额（元/t）	名称	金额（元/株）
种苗费	51.59	固定资产折旧	25 335
农药费	5.28	加温费	4 000
肥料费	264.56	其他固定费用	2 187
基质费	39.68		
水电费	205.44		
人工费	1 142.86		
小　计	1 709.41	小计	31 522

注：该表中的成本和费用均不包括机会成本。

2）本量利分析

根据式（8.6），建立黄瓜的本量利模型如下：

$$\varPi=(3775.13-1709.41)q-31\,522 \quad (q\leqslant 35.2\mathrm{t}) \tag{8.19}$$

由式（8.7）、式（8.19），可得其单位边际贡献为 2065.72 元/t，边际贡献率为 54.72%，保本点约为 15.26 t。其盈亏临界图如图 8.2 所示。

图 8.2 从动态上集中而又形象地反映了销售数量、成本与利润之间的相互关系，从中可以发现：

第一，保本点 15.26 t 不变销量越大，则能实现的利润越多或亏损越少；反之，

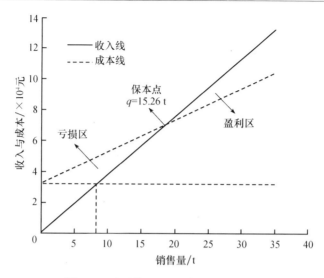

图 8.2 盈亏临界图（不考虑机会成本）

保本点 15.26 t 不变销量越少,则能实现的利润也越少或亏损越多。

第二,销量不变保本点越低,则能实现的利润就越多或亏损越少;反之,保本点越高,则能实现的利润就越少或亏损越多。

第三,在总成本既定的条件下,保本点受单位售价变动的影响。单价越高表现为销售总收入线的斜率越大,保本点就越低,反之单价越低,保本点越高。

第四,销售收入既定的条件下,保本点的高低取决于固定成本和单位变动成本的多少。固定成本越多或单位产品的变动成本越多保本点就越高,反之保本点就越低。温室框架结构、加温费与其他固定成本的降低,可以降低保本点,提高毛利;反之亦然。同样,基本生产资料、肥料与基质、环境调控的单位成本和小时工资率的降低,将增加单位边际贡献,降低保本点,提高利润,反之亦然。

第五,机会成本对保本点会有影响,机会成本既会增加固定成本,又会增加单位变动成本,因此导致保本点上升,如图 8.3 所示。机会成本率按 10% 计算,固定资产折旧的机会成本的计算基数为 25 335 元/栋。为简单起见,假定其他成本是按线性均匀发生的,各机会成本的计算基数为相应实际成本的一半。此时,黄瓜的本量利模型为式(8.20)。

$$\Pi = (3775.13 - 1794.88)q - 34\,674.2 \quad (q \leqslant 35.2\ t) \qquad (8.20)$$

从图 8.3 可以看出,机会成本导致总成本线上移,保本点上升,亏损区扩大,盈利区变窄。经计算可得,单位变动成本增加到 1794.88 元/t,上升了 85.47 元/t;机会成本导致固定成本上升为 34 674.2 元/栋,固定成本上升了 3152.2 元/栋。因此,保本点上升为 17.51 t。

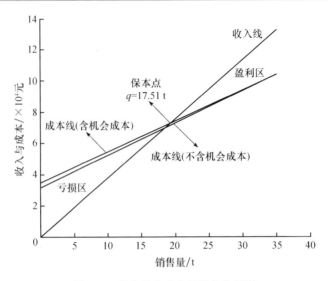

图 8.3　考虑机会成本的盈亏临界图

　　从长期看,温室再生产必须有一定的盈利才能顺利进行,这是由于主观上生产者有逐利倾向,客观上资金也有成本。假定目标利润数量上等于 5000 元/亩,根据式(8.8)及本量利分析中的资料可求保利点为 17.68 t,见图 8.4。基于保利点的本量利分析过程与基于保本点的分析过程基本上是相同的,这里不再详细说明。

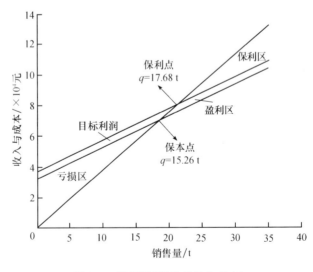

图 8.4　保利图(不考虑机会成本)

3) 敏感性分析

根据式(8.9)~式(8.18)和本量利分析中所示的基础资料及机会成本率

10%,列出各因素在基期产销量为 q_0、基期利润为 $\Pi_0 [\Pi_0 = (3775.13 - 1709.41)q_0 - 31522, (q \leqslant 35.2 \text{ t})]$ 时的敏感性系数如表 8.8 所示。从表中可以得出：

表 8.8　各因素敏感系数

名　称	敏感性系数	名　称	敏感性系数
单价	$T_1 = \dfrac{3\,775.13q_0}{\Pi_0}$	人工	$T_6 = \dfrac{1\,142.86q_0}{\Pi_0}$
产销量	$T_2 = \dfrac{2\,065.72q_0}{\Pi_0}$	温室框架结构	$T_7 = \dfrac{25\,335}{\Pi_0}$
基本生产资料	$T_3 = \dfrac{56.87q_0}{\Pi_0}$	其他固定成本	$T_8 = \dfrac{2\,187}{\Pi_0}$
肥料和基质	$T_4 = \dfrac{304.25q_0}{\Pi_0}$	单位变动成本	$T_9 = \dfrac{1\,709.41q_0}{\Pi_0}$
环境调控	$T_5 = \dfrac{254.44q_0 + 4\,000}{\Pi_0}$	固定成本总额	$T_{10} = \dfrac{31\,522}{\Pi_0}$

注：因素中均含有机会成本，机会成本率按 10% 计算，固定资产折旧的机会成本的计算基数为 16 380 元/栋。为简单起见，认为其他成本是按线性均匀发生的，各机会成本的计算基数为相应实际成本的一半。

第一，在给定基期产销量 q_0（此时基期利润为 Π_0）时，单价的敏感系数 T_1 为 $\dfrac{3775.13q_0}{\Pi_0}$，产销量的敏感系数 T_2 为 $\dfrac{2065.72q_0}{\Pi_0}$，所有变动成本敏感系数 T_9 为 $\dfrac{1709.41q_0}{\Pi_0}$，所有固定成本的敏感系数 T_{10} 为 $\dfrac{31\,522}{\Pi_0}$。当销量大于保本点后，可得 $T_1 > T_2 > T_9 > T_{10}$。

第二，由式（8.6）和敏感性系数定义，可以得出，单价的敏感系数与产销量、单位变动成本敏感系数满足式（8.21）。式（8.21）表示若其他条件不变，销售单价、产量（或销售量）、单位变动成本同比增加，则利润也会同比增加。

$$T_1 - T_2 = T_9 \qquad\qquad (8.21)$$

第三，由式（8.6）和敏感性系数定义，不难得出，产销量与固定成本总额的敏感性系数满足式（8.22）。因此，在其他条件不变情况下，产销量与固定成本总额的同比例同方向变动将会导致利润同比例同方向变动。若其他条件不变，产销量与固定成本总额增加 1%，则利润也会增加 1%，反之，产销量与固定成本总额减少 1%，则利润也会减少 1%。因此，仅单纯地减少温室固定成本的投入，如减少框架结构、加温费等投入并不一定会同比例增加利润。

$$T_2 - T_{10} = 1 \qquad\qquad (8.22)$$

第四，当产量满足 15.26 t $< q \leqslant$ 35.2 t 时，从表 8.8 可以看出，基本生产资料、肥料和基质、环境调控、人工、温室框架结构的敏感系数分别为 $\dfrac{56.87q_0}{\Pi_0}$、$\dfrac{304.25q_0}{\Pi_0}$、$\dfrac{254.44q_0 + 4\,000}{\Pi_0}$、$\dfrac{1142.86q_0}{\Pi_0}$、$\dfrac{25\,335}{\Pi_0}$，因此，在其他条件不变时，这些成本费用的增

加,将导致利润相应比例的减少。

从上述分析可以看出,提高温室系统价值流动效率的主要途径有:采取反季节栽培、采用优质品种等,尽可能提高产品的销售价格成为增加利润的首要选择;采用科学的栽培技术,加强环境调控可以增加产量,在一定条件下也会增加收入,提高利润。

参 考 文 献

[1] 卞有生.农业生态工程中的价值流分析.环境科学,1999,4:104-107.

[2] 王汉芳,海江波,季书琴,等.农业生态经济系统的价值流及价值链研究.西北农业学报,2005,11(1):194-197.

[3] 宋秀杰,金冬霞.投入产出法在生态农业经济系统价值流分析中的应用.数量经济技术经济研究,1992,1:59-64.

[4] Bell F W. The economic valuation of saltwater marsh supporting marine recreational fishing in the southeastern United States. Ecological Economics,1997,21(3):243-254.

[5] 杨德刚,阎新华,李秀萍.干旱区典型绿洲农业生态经济系统的结构和功能分析——以塔里木河中下游的尉犁县为例.干旱区地理,2003,26(4):372-278.

[6] 黄大明.高寒牧区大牧场生产系统的价值流分析.甘肃农业大学学报,1994,4:435-438.

[7] MacLeod N D,McIvor J G. Reconciling economic and ecological conflicts for sustained management of grazing lands. Ecological Economics,2006,56(3):386-401.

[8] Teague W R,Grant W E,Kreuter U P,et al. An ecological economic simulation model for assessing fire and grazing management effects on mesquite rangelands in Texas. Ecological Economics,2008,64(3):611-624.

[9] 岳东霞,惠苍.高寒草地生态经济系统价值流、畜群结构、最优控制管理及可持续发展.西北植物学报,2004,24(3):437-442.

[10] 惠苍,李自珍,杜国祯.高寒草地牧业生态经济复合系统价值流的定量分析.兰州大学学报(自然科学版),2002,38(4):101-104.

[11] 海江波,母国宏,史俊通.旱地生态系统生态流与价值流耦合途径的研究.中国农学通报,2005,21(11):338-340.

[12] 李发弟.河西走廊农户生态经济系统价值流的研究.家畜生态,1994,15(3):13-18.

[13] 戈峰,刘向辉,丁岩钦.不同类型的棉田生态系统功能特征.生态学报,2002,22(9):1432-1439.

第9章 温室生态经济系统基本功能综合评价

温室生态经济系统作为农业生态系统的一种特殊形式,其在能量流、价值流和物质流方面都形成了固有的特殊性。温室的类型多种,而种植模式则更是多样化,如何对不同的温室系统进行综合评价就显得具有理论和实际意义。对于农业生态经济系统的结构、功能、健康、可持续性等的评价指标体系有过很多的研究报道[1-5],在评价方法上也有一些探讨[6,7],但是由于温室系统的特点,这些指标体系都不能现成地照搬应用。根据前面的试验和调研结构,本章提出了温室生态经济系统基本功能综合评价的指标体系和方法。

9.1 温室生态经济系统基本功能综合评价的指标体系设计

为了综合、全面地反映温室生态经济系统的功能,必须把能量流动、物质流动和价值流动等方面联系在一起,从影响温室生产的内在联系中进行系统分析、考察和评价其综合效应。为此,分两个层次来构建指标体系。根据温室生产的特点,一级指标从能量流动效率、物质流动效率、价值流动效率三个方面进行评价;二级指标包括净初级生产力、人工辅助能转化率、肥料报酬指数、总资产报酬率、成本费用利润率、流动资产周转率、劳均收入、社会贡献率在内的八大指标,如表9.1所示。

表 9.1 温室生态经济系统基本功能综合评价指标体系

一级指标	二级指标	指标涵义
能量流动效率 X_1	净初级生产力 x_1	一定时间内除去呼吸消耗以后单位面积内温室优势生物积累的鲜重
	人工辅助能转化率 x_2	温室作物产量的能量等价物与人工辅助能之比
物质流动效率 X_2	肥料报酬指数 x_3	一定时期销售总额与肥料费用总额之比
价值流动效率 X_3	总资产报酬率 x_4	一定时期内获得的报酬总额与资产平均总额的比率
	成本费用利润率 x_5	一定时期的利润总额同其成本费用总额的比率
	流动资产周转率 x_6	一定时期内销售收入净额同平均流动资产总额的比率
	劳均收入 x_7	收入总额与平均职工人数之比
	社会贡献率 x_8	社会贡献总额与资产平均余额之比

1) 净初级生产力

净初级生产力(NPP)是指一定时间内除去呼吸消耗以后单位面积内温室优势生物真实积累下来的能量或物质。这里以鲜重表示,单位面积内优势生物的鲜重越大,其净初级生产力就越高,是反映能量流动效率的指标。

2) 人工辅助能转化率

温室生态经济系统人工辅助能转化率为温室作物产量的能量等价物与人工辅助能之比,值越大表明温室作物对人工辅助能的利用程度就越高,是反映能量流动效率的指标。

3) 肥料报酬指数

肥料(营养液、基质等)是温室作物生长所必需的,但营养缺乏或过多的营养都会影响生长,肥料施用量也应遵循肥料报酬递减规律。我们用肥料报酬指数表示物质流动效率。为简单起见,肥料报酬指数用如下公式表示:

$$肥料报酬指数 = \frac{总收入}{肥料费用总额}$$

4) 总资产报酬率

又称资产所得率,是指温室生产组织一定时期内获得的报酬总额与资产平均总额的比率。它表示包括净资产和负债在内的全部资产的总体获利能力,用以评价温室生产组织运用全部资产的总体获利能力,是评价价值流动效率的重要指标。总资产报酬率的计算公式如下:

$$总资产报酬率 = \frac{息税前利润}{平均资产总额}$$

总资产报酬率体现了温室生产组织全部资产获取收益的水平,全面反映了企业温室生产组织的获利能力和投入产出状况。通过对该指标的深入分析,可以增强各方面对其资产经营的关注,促进温室生产组织提高单位资产的收益水平。一般情况下,可据此指标与市场资本利率进行比较,如果该指标大于市场利率,则表明可以充分利用财务杠杆,进行负债经营,获取尽可能多的收益。该指标越高,表明投入产出的水平越好,资产运营越有效。

5) 成本费用利润率

成本费用利润率是温室生产组织一定时期的利润总额同其成本费用总额的比率。成本费用利润率表示温室生产组织为取得利润而付出的代价,从支出方面补充评价企业的收益能力。反映温室生产组织生产成本及费用投入的经济效益,同时也反映降低成本的经济效益。成本费用利税率反映温室生产组织投入与产出的关系,一般而言,成本费用水平低,则说明其盈利(贡献)水平高;反之,成本费用水平高,则说明企业盈利(贡献)水平低。是评价价值流动效率的重要指标。

温室(特别是大中型温室)在生产中耗费的温室设施、房屋建筑物等的价值,表现为温室生产组织占用在劳动手段上的资金耗费;在生产中耗费的种子、种苗、肥料、农药、基质、营养液、水电等价值,表现为其占用在劳动对象上的资金耗费;至于生产者所创造的价值,表现为企业在支付生产者劳动报酬上的资金耗费。所有这些耗费都可以看成是温室生产组织投入的成本。成本费用利润率指标反映耗费一元钱所取得的报酬水平,因此这个指标对评价温室生产组织经营管理水平是一个关键指标。用公式表示为

$$成本费用利润率 = \frac{利润总额}{成本费用总额}$$

6) 劳均收入

一定时期内收入总额与平均职工人数之比,是评价价值流动效率的重要指标。用公式表示为

$$劳均收入 = \frac{收入总额}{平均职工人数}$$

7) 流动资产周转率

流动资产周转率指生产温室一定时期内销售收入净额同平均流动资产总额的比率,流动资产周转率是评价价值流动效率的重要指标。其计算公式为

$$流动资产周转率 = \frac{销售收入净额}{平均流动资产总额}$$

8) 社会贡献率

无论是自身发展还是外界要求,温室都不能以“营利”作为唯一目标。温室在进行生产经营活动时,不仅要考虑自身效益,而且要兼顾社会效益,对社会要有所贡献。对温室的价值流动效率进行评价必须包括这方面的内容,从而产生了贡献水平指标。

所谓贡献水平,是指一定规模的温室在一定时期内运用全部资产为国家和社会创造支付价值的能力,是从社会角度对价值流动效率作出判断。具体可用社会贡献率指标来表示。社会贡献率公式为

$$社会贡献率 = \frac{社会贡献总额}{资产平均余额}$$

其中温室社会贡献总额包括工资(含奖金、津贴等工资性支出)、劳保退休统筹等其他社会福利支出、利息支出净额、应交增值税、应交产品销售税金及附加、应交所得税及其他税收、净利润等。

9.2　温室基本功能综合评价方法——修正层次分析法

9.2.1　评价指标数据的标准化处理

由于各评价指标的数量级数不同、单位不同,难以进行比较,因此,在对温室基本功能进行综合评判前须对指标数据进行标准化处理,即无量纲化。通过标准化,指标值转变为计量单位影响消失、数量级相同且包含原指标评价信息的评价值。标准化数据计算如下:

$$a_{ij} = \frac{X_{ij} - Z_i}{S_i} \quad 或 \quad a_{ij} = \frac{Z_i - X_{ij}}{S_i} \tag{9.1}$$

式中,a_{ij} 为标准化后第 i 个指标的第 j 个数值;X_{ij} 为标准化前第 i 个指标的第 j 个数值;Z_i 为第 i 个指标的均值;S_i 为第 i 个指标的标准差。前式适用于效益类指标,后式适用于成本类指标。本章 $i=(1,2,\cdots,8)$,$j=(1,2,\cdots,17)$。

9.2.2　评价指标权重的确定

1. 修正层次分析法概述

温室基本功能综合评价指标体系的一级指标层和二级指标层确定之后,需要为各二级指标赋权值,以计算出温室基本功能综合评价值。确定指标权重的方法很多,其中之一是层次分析法[8]。但是该方法对于非一致性判断矩阵,需要人为的估计调整,往往带有片面性和主观性,并且要进行多次测算,难以操作。为了克服这些问题,本节对层次分析方法进行修正,其特点是引进拟最优矩阵,使之自然满足一致性要求,不需要进行一致检验[9]。

2. 修正层次分析法确定权重程序

1) 构建判断矩阵

为了确定指标的权重,须先构建判断矩阵,它反映了各指标两两相对重要性程度。设判断矩阵为 $\boldsymbol{B} = (b_{ij})_{\times n}$,其中 $b_{ij} = 1/b_{ji}(i \neq j; i,j = 1,2,\cdots,n)$;$b_{ij} = 1(i = j)$。判断矩阵中的标度值依据 Saaty 提出的 1~9 比较标度法得到[8],i,j 指标进行重要性程度比较时,两个指标同等重要,标度值为 1,稍重要为 3,明显重要为 5,很重要为 7,绝对重要为 9,相邻判断的中间值为 2、4、6、8。根据专家综合意见,通过每两个指标比较评分得出指标间相对重要性判断矩阵。

2) 构建拟最优矩阵

为了构建判断矩阵 $\boldsymbol{B}$ 的拟最优矩阵 $\boldsymbol{M}$,先求判断矩阵 $\boldsymbol{B}$ 的反对称矩阵 $\boldsymbol{C}$,$\boldsymbol{C}$ 的

元素为判断矩阵 $\boldsymbol{B}$ 相对应元素的自然对数。然后求拟最优矩阵 $\boldsymbol{M}$。

$$c_{ij} = \ln b_{ij}, \quad d_{ij} = \sum_{k=1}^{n} \frac{c_{ik} - c_{jk}}{n}, \quad \boldsymbol{M} = (m_{ij})_{n \times n} = e^{d_{ij}} \quad (i,j = 1,2,\cdots,n)$$

$$(9.2)$$

3）计算权重

利用方根法求解 $\boldsymbol{M}$ 的特征向量 $\boldsymbol{W}$，所求特征向量 $\boldsymbol{W}$ 的各分量 $\boldsymbol{W}_i$ 就是相应指标的权重，$\boldsymbol{W}_i$ 可用下式表示：

$$\boldsymbol{W}_i = \frac{\sqrt[n]{M_i}}{\sum_{i=1}^{n} \sqrt[n]{M_i}} \quad (i = 1,2,\cdots,n)$$

$$(9.3)$$

3. 一级指标权重确定

1）构建判断矩阵

将所选表 9.1 中的 3 个一级指标分送给 15 个专家，将不同专家按照判断矩阵的标度评分结果，加权平均得到相对重要性判断矩阵 $\boldsymbol{B}_1$ 为

$$\boldsymbol{B}_1 = \begin{array}{c} \\ X_1 \\ X_2 \\ X_3 \end{array} \begin{bmatrix} X_1 & X_2 & X_3 \\ 1 & 2 & 1/3 \\ 1/2 & 1 & 1/5 \\ 3 & 5 & 1 \end{bmatrix}$$

2）构建拟最优矩阵

判断矩阵 $\boldsymbol{B}_1$ 的反对称矩阵 $\boldsymbol{C}_1$ 和拟最优矩阵 $\boldsymbol{M}_1$ 分别为

$$\boldsymbol{C}_1 = \begin{bmatrix} 0 & 0.6324 & -1.0378 \\ -0.6324 & 0 & -1.6702 \\ 1.0378 & 1.6702 & 0 \end{bmatrix}$$

$$\boldsymbol{M}_1 = \begin{bmatrix} 1.0000 & 1.8821 & 0.3542 \\ 0.5313 & 1.0000 & 0.1882 \\ 2.8231 & 5.3133 & 1.0000 \end{bmatrix}$$

3）计算权重

通过上述方法求得温室基本功能综合评价指标体系各一级指标的权重：能量流动效率为 0.2297、物质流动效率为 0.1220、价值流动效率为 0.6483。

4. 二级指标权重确定

1）能量流动效率二级指标权重

根据上述 15 个专家评分结果，得到两个能量流动效率二级指标重要性判断矩阵 $\boldsymbol{B}_2$ 如下，其中，x_1 代表净初级生产力，x_2 代表人工辅助能转化率。

$$B_2 = \begin{bmatrix} & x_1 & x_2 \\ x_1 & 1 & 3 \\ x_2 & 1/3 & 1 \end{bmatrix}$$

根据上文所示的权重确定程序,可得净初级生产力、人工辅助能转化率的相对权重分别为 0.75、0.25,故它们在温室功能评价指标体系中最终的权重分别为 0.1722 与 0.0574。

2) 物质流动效率二级指标权重

物质流动效率二级指标只有一个,即肥料报酬指数 x_3,故其在温室功能评价指标体系中最终的权重为 0.1220。

3) 价值流动效率二级指标权重

根据评分结果,得到 5 个价值流动效率二级指标重要性判断矩阵 $\boldsymbol{B}_3$ 如下,其中,x_4 代表总资产报酬率、x_5 代表成本费用利润率、x_6 代表流动资产周转率、x_7 代表劳均收入、x_8 代表社会贡献率。

$$\boldsymbol{B}_3 = \begin{bmatrix} & x_4 & x_5 & x_6 & x_7 & x_8 \\ x_4 & 1 & 2 & 2 & 3 & 3 \\ x_5 & 1/2 & 1 & 3 & 4 & 2 \\ x_6 & 1/2 & 1/3 & 1 & 3 & 2 \\ x_7 & 1/3 & 1/4 & 1/3 & 1 & 1 \\ x_8 & 1/3 & 1/2 & 1/2 & 1 & 1 \end{bmatrix}$$

同样根据所示的权重确定程序,可得总资产报酬率、成本费用利润率、流动资产周转率、劳均收入、社会贡献率的相对权重分别为 0.3869、0.2170、0.1889、0.0923、0.1149,故它们在温室功能评价指标体系中最终的权重分别为 0.2508、0.1407、0.1225、0.0598、0.0745。

综上所述,可得温室生态经济系统基本功能综合评价指标体系各指标的权重见表 9.2。

表 9.2　温室基本功能综合评价权重

一级指标		二级指标		
名称	权重	名称	相对权重	最终权重(符号)
能量流动效率 X_1	0.2297	净初级生产力 x_1	0.75	0.1722(W_1)
		人工辅助能转化率 x_2	0.25	0.0574(W_2)
物质流动效率 X_2	0.1220	肥料报酬指数 x_3	1	0.1220(W_3)
		总资产报酬率 x_4	0.3869	0.2508(W_4)
		成本费用利润率 x_5	0.2170	0.1407(W_5)
价值流动效率 X_3	0.6483	流动资产周转率 x_6	0.1889	0.1225(W_6)
		劳均收入 x_7	0.0923	0.0598(W_7)
		社会贡献率 x_8	0.1149	0.0745(W_8)

9.2.3　温室基本功能综合评价值的计算

确定了温室基本功能综合评价指标体系、各指标的权重及标准值后,就可以计算其综合评价值。综合评价值为各指标标准值的线性加权平均数。综合评价值模型为

$$P_i = \sum_{j=1}^{8} W_i a_{ij} \tag{9.4}$$

式中,P_i 为第 i 个温室的基本功能综合评价值;W_i 和 a_{ij} 的涵义同前文。将各温室的综合评价值进行排序就能评价各温室基本功能综合状况,通过对其进行聚类分析,还能了解各类温室基本功能的一般情况。

9.3　实证分析

9.3.1　数据来源

数据来源于 2008 年对上海市和苏南地区生产温室的调查结果,调研设计见6.4 节。对其中 13 个温室蔬菜种植类型的基本经营情况进行了统计分析,计算出一年中各种温室类型亩均本期收入、成本费用、利润、资产、肥料费、人数、流动资产平均余额、人工费、产量、人工辅助能投入、产量能量,结果见表 9.3 所示。

表 9.3　生产温室调研统计[*]

温室类型	栽培方式	编号	名称	本期收入/元	成本费用/元	利润/元	资产/元	肥料费/元	人数	流动资产平均余额/元	人工费/元	人工辅助能投入/MJ	产量/kg	能量产出/MJ
玻璃自控温室	草炭-珍珠岩	①	甜椒	92 733	79 800	12 933	146 670 [**]	6 667	0.8	14 531	28 800	220 930.8	23 867	59 667
		②	番茄	92 667	79 706	12 961	146 670	6 667	0.8	14 485	28 800	220 930.8	12 000	30 000
		③	黄瓜	95 133	79 595	15 538	146 670	6 667	0.8	15 067	28 800	220 644	25 200	63 000
	珍珠岩	④	黄瓜	56 560	47 576	8 984	303 349 [***]	2 500	0.78	9 242	11 232	197 476.3	20 200	50 500
		⑤	番茄	59 360	47 523	11 837	303 349	2 500	0.78	9 925	11 232	197 763.2	21 200	53 000
连栋塑料大棚	土壤	⑥	苋菜-番茄-小白菜等	20 500	16 810	3 690	49 450	280	1.5	2 707	11 520	54 211.95	9 100	22 750
		⑦	香菜-苋菜-小白菜等	20 100	16 806	3 294	49 450	269	1.5	2 609	11 520	53 445.36	9 200	23 000
		⑧	黄瓜-豇豆-荠菜	21 000	16 839	4 161	49 450	323	1.5	2 832	11 520	54 127.04	9 000	22 500

续表

温室类型	栽培方式	编号	名称	本期收入/元	成本费用/元	利润/元	资产/元	肥料费/元	人数	流动资产平均余额/元	人工费/元	人工辅助能投入/MJ	产量/kg	能量产出/MJ
单栋塑料大棚	土壤	⑨	西瓜-辣椒	18 300	14 882	3 418	11 716	285	1.5	2 535	11 520	48 144.31	7 300	20 250
		⑩	西瓜-西红柿	18 340	14 860	3 480	11 716	289	1.5	2 538	11 520	48 342.46	7 500	20 750
		⑪	香菜-苋菜-小白菜等	18 200	14 672	3 528	11 680	269	1.5	2 489	11 520	47 277.16	8 000	20 000
		⑫	黄瓜-豇豆-荠菜	17 720	14 716	3 004	11 680	323	1.5	2 370	11 520	48 381.31	8 500	21 250
		⑬	苋菜-番茄-小白菜等	17 700	14 676	3 024	11 680	280	1.5	2 363	11 520	47 352.1	8 400	21 000

* 表中为每亩(667m²)数据;

** 该值为 2006 年年底的资产余额。温室为 1996 年建造,至 2006 年已计提折旧 10 年,共计提折旧 253 350 元;

*** 该值为 2006 年年底的资产余额。温室为 2002 年底建造,至 2006 年已计提折旧 4 年,共计提折旧 63 336 元。

9.3.2　不同温室蔬菜种植类型基本功能综合评价与分析

根据表 9.3 的调查统计数据,按照上节所述的方法、步骤及得出的权重,计算出各种温室类型一年中平均每亩土地的净初级生产力、人工辅助能转化率、肥料报酬指数、总资产报酬率、成本费用利润率、流动资产周转率、劳均收入、社会贡献率等各项二级指标,并计算出综合评价值。计算结果见表 9.4 所示。

表9.4　生产温室基本功能综合评价

编号	净初级生产力 x_1 /(kg/亩)	人工辅助能转化率 x_2/%	肥料报酬指数 x_3	总资产报酬率 x_4 /%	成本费用利润率 x_5/%	流动资产周转率 x_6/%	劳均收入 x_7 /[元/(人·亩·年)]	社会贡献率 x_8 /%	综合评价值	排序
①	23 867	27.01	1.94	8.82	16.21	6.38	115 917	19.64	-0.411	11
②	12 000	13.58	1.94	8.84	16.26	6.4	115 833	19.64	-0.780	13
③	25 200	28.55	2.33	10.59	19.52	6.31	118 917	19.64	-0.169	9
④	20 200	25.57	3.59	2.96	18.88	6.12	72 513	3.7	-0.608	12
⑤	21 200	26.8	4.73	3.9	24.91	5.98	76 103	3.7	-0.259	10
⑥	9 100	41.96	13.18	7.46	21.95	7.57	13 667	23.3	-0.055	7
⑦	9 200	43.03	12.25	6.66	19.75	7.71	13 400	23.3	-0.167	8
⑧	9 000	41.57	12.88	8.41	24.71	7.42	14 000	23.3	0.057	6

编号	净初级生产力 x_1 /(kg/亩)	人工辅助能转化率 x_2/%	肥料报酬指数 x_3	总资产报酬率 x_4 /%	成本费用利润率 x_5/%	流动资产周转率 x_6/%	劳均收入 x_7 /[元/(人·亩·年)]	社会贡献率 x_8 /%	综合评价值	排序
⑨	7 300	42.06	11.99	29.18	22.97	7.22	12 200	98.33	0.470	3
⑩	7 500	42.92	12.04	29.71	23.42	7.23	12 227	98.33	0.517	2
⑪	8 000	42.3	13.12	30.21	24.05	7.31	12 133	98.63	0.611	1
⑫	8 500	43.92	9.3	25.72	20.41	7.48	11 813	98.63	0.292	5
⑬	8 400	44.35	10.8	25.89	20.61	7.49	11 800	98.63	0.346	4

在三大类型温室、13 个蔬菜种植方式中,玻璃自控温室(①~⑤)的基本功能综合评价值都很低,为 $-0.169\sim-0.780$,远远低于其他两类温室;单栋塑料大棚(⑨~⑬)的基本功能综合评价值最好,为 $0.292\sim0.611$;连栋塑料温室(⑥~⑧)的综合评价值处于中游,为 $-0.167\sim0.057$。

玻璃自控温室与单栋塑料大棚相比,尽管玻璃自控温室的净初级生产力要比单栋塑料大棚高得多,但由于总资产报酬率要低得多,人工辅助能转化率也相差很多,因此从综合评价值来看,单栋塑料大棚要比玻璃自控温室高得多。可见玻璃自控温室是高投入、高产出类型,而单栋塑料大棚在温室农业类型中相对是低投入、低产出类型。

参 考 文 献

[1] 李强,李武艳,赵烨,等.农村生态系统健康的基本内涵及评价体系探索.生态环境学报,2009,18(4):1604-1608.

[2] 张研.农业生态系统功能评价指标及计算方法.黑龙江农业科学,2007,(6):76-78.

[3] 武兰芳,欧阳竹,唐登银.区域农业生态系统健康定量评价.生态学报,2004,24(12):2740-2748.

[4] 王芬,吴建军,卢剑波,等.区域农业生态系统可持续发展指标体系及其应用.自然资源学报,2003,18(4):453-458.

[5] 曹志平.农业生态系统循环功能的综合评价(Ⅱ):实例研究.农村生态环境,1997,13(4):6-11.

[6] 吴佐礼,陈聿华.农业生态系统综合评价与调控研究.应用生态学报,1995,6(S):98-104.

[7] 涂恩强,廖晓勇,陈治谏,等.基于 AHP 法的重庆市农业生态系统综合分析评价.西南农业学报,2009,22(1):202-206.

[8] Saaty T L. The analytic hierarchy process. New York:McGraw Hill,Inc,1980.

[9] 徐劲力.基于改进模糊评价法的铸造工艺质量综合评价.铸造技术,2007,5:690-693.

第 10 章 温室生态经济系统的结构改善途径及选型决策

任何系统的结构与功能之间都存在着密切的关联,温室生态经济系统也不例外。从前几章的分析可以看出,温室生态经济系统总体而言,初级生产力提高,能量产出增加,营养物质利用效率提高,价值增值快,较露地蔬菜生产系统的功能大大提升。但是在能量的产投比、经济产投比等方面也还存在一些比较突出的问题。因此,本章通过对温室生态经济系统结构与功能关系的分析,探索提高系统整体功能的结构改善途径。

10.1 温室功能与结构之间的关系

温室生态经济系统的能量转化、物质循环、价值增值等基本功能与结构之间存在着密切的联系,突出地表现在以下几个方面。

第一,不同温室结构可以达到相同的功能。温室生产就是通过采用现代化农业工程和机械技术,改变自然环境,为植物生产提供相对可控甚至最适宜的温度、湿度、光照、水肥和气等环境条件,在一定程度上摆脱了对自然环境的依赖,增加土地生产潜力,增加光热资源利用率,提高初级生产力。虽然不同结构的温室改造环境因子的方式不同,但都能不同程度地调控作物生长环境。例如,同样是为了提高冬季保温性能,高档的现代化温室可以通过锅炉热水管道、燃油炉和热风机等加温设备来达到适宜的环境温度,而低档的单栋塑料大棚则可以通过增加中小棚和保温幕,采用多层覆盖的方式来实现。

第二,同种温室结构可以有不同的功能。农作物生产受到的不利环境因素影响来自多方面,所以人们要利用同种结构达到不同功能。例如,单栋塑料大棚,在冬天起到保温作用,主要用于喜温蔬菜的生产;而在夏天将裙围揭开后可用于防止台风暴雨的侵袭,若在上面覆盖遮阳网就形成了遮阴篷,用于夏季叶菜生产;在大棚外覆盖防虫网则形成了清洁蔬菜的生产场所。因此,要利用温室条件,通过各个环节把环境调控到植物适宜生长的范围,使之周年都能用于农业生产,克服农业生产强烈的季节性。

第三,温室物理结构越复杂,则功能越完善。各种类型温室内环境调控结构差别很大,导致环境调控能力相差很大。一般地,塑料大棚只有被动的保温和通风降温设施,而没有主动的增温和降温设施,只能进行简单保温降温,对极端温度天气却无能为力。而在现代化程度高的智能化温室中,则配备有主动调节的设施,所有的环境因子如室内温、光、气、湿及营养液 pH、EC 值、供液时间等因子的监测和控制都由计算机自动进行。有的系统还可对生物体重量、大小、形态进行非接触式和非破坏性监测,从而可以根据生长信息对温室环境进行动态综合控制[1]。温室环境调控系统的结构越复杂,可控制的因素也越多、控制程度就越高,可选择的调控策略就越科学,因而产量越高。

第四,生物结构影响温室功能,而生物结构又受物理结构的影响。温室生产的目的是获得高产和高效益,主要种植的是蔬菜和花卉等园艺作物。其中,作物种类和品种选择、播种期的确定、茬口安排的方式等生物结构因素直接影响着系统的生物量产出、农产品的上市期等,从而影响能量流和价值流等功能。但同时,温室的生物结构受到物理结构的影响,如简易的塑料大棚,没有加温和降温设施,只能进行春提前、秋延后等超季节栽培。而随着温室的进化,在现代化自控温室中则可以进行周年的反季节栽培。与此同时,长季节、高产量的黄瓜和番茄等周年栽培的温室专用品种也应运而生。因此,温室物理结构的变化导致生物结构的变化,而生物结构的优化带来了温室功能的改善。

10.2　改善温室结构的途径

影响温室系统功能的结构内容包括温室框架结构(物理结构)、栽培植物结构(生物结构)以及生产资料和环境调控成本结构(投入结构)三个方面。所以要提高系统的功能,也必须从这三个结构方面进行改善和优化。

10.2.1　改善温室的物理结构

(1) 因气候条件制宜。适宜的温室结构直接影响到作物的高产和温室运行成本,如高架温室冬季保温性差、加温成本高,在我国北方难以立足;双层充气膜温室不但充气成本高,且在我国南方地区使冬季本来就不足的光照更加不足,不适合使用。因此,研发适合各地不同气候区域的温室结构是提高温室生态系统功能的重要方面。在温室结构设计上,北方地区以冬季保温为主,抗雪灾能力强;华南地区以夏季通风散热为主,并且要抗台风暴雨;而我国长江流域一带的亚热带地区在结构设计和选型上则必须以增加冬季的保温性和降低夏季降温的成本相兼顾为原则。江苏大学、上海农业机械研究所等单位在消化吸收以色列塑料连栋温室的基础上,进行结构创新,采用流场数值分析技术、有限元技术、模块化设计技术等,优化设计了适合亚热带地区气候条件的温室结构。例如,通过设计锯齿形、顶部全开形的温室顶通风结构,夏季通风性更好;设计双膜结构、新型密封结构,冬季保温性更高;优化屋面的形状、主副顶拱和天沟结构,提高了抗风、雪灾能力,在 2008 年南方百年一遇的暴雪灾害中,通过以上创新设计的温室无一倒塌。

(2) 因栽培植物制宜。温室结构的设计要适合拟定要栽培的主要作物种类和所采用的种植方式的特点。不同的作物对环境条件的要求不同,因此对温室结构的要求也不同。例如,在温室高度要求上,种植果菜类特别是长周期果菜、高大的观叶植物等,或者多层架式栽培、柱状无土栽培等,要求温室的高度高,生长空间大;而种植叶菜类作物、普通花卉和观赏植物,并且采用单层栽培等,则对温室高度要求低。但是温室高度增加后,相应地一次性建筑成本投入增加,而且加温的成本也要相应增加。反之,种植矮秆植物也不能把温室高度降得太低,否则不但影响人在室内的操作,也影响夏季的通风降温。因此温室结构设计时要处理好这些矛盾,并且制定相应的温室标准,提高标准化水平。

(3) 因经济条件制宜。不同类型的温室其造价相差好几倍,运行成本差异也很大,因此要根据各地区以及各用户单位的经济条件来决定温室的结构选型。配有环境自动控制系统的现代化连栋温室,其环境调控程度高,土地利用率高,作物生产力高,但是投入的水平也高。尽管通过对国外引进温室的消化吸收,我国已经能自行设计制造现代化温室,价格比进口的要低 30%~50%,但作为生产价格较低的农产品的装备,400~600 元/m² 温室造价仍然是很高的,因此只适合在经济发达地区或者是在大城市的郊区应用,或作为各地现代化农业的示范用途。不能把现代化温室作为装饰品,一味贪求高档,造成成本过高、运行能耗无法支付,以至于温室再生产过程不能顺利进行。对于大部分农民来说,单栋塑料大棚以及北方的日光温室在最近一段时间内将仍然是主要的温室装备产品。

10.2.2　改善生物结构

(1) 根据市场需求优化作物布局,通过品种结构调整以满足市场多样化的需要。温室的作物种类和品种布局,原则上要以一室一品的专业化生产为主。专业化生产有利于实现规范化和标准化生产,也容易使劳动者掌握栽培技术,对于提高作物产量和劳动生产率具有重要的作用。目前需要进一步研究和实施主要作物在土壤和基质栽培中的施肥、灌溉、病虫害防治的规范化和标准化技术。但是温室的品种布局不是一成不变的。当习惯种植的作物市场销售不畅,或当看好某些品种具有较好的市场和效益时,宜进行适时的作物结构调整,要以灵活多变的种类和品种调整来提高经济效益。此外,要搞好上下茬作物搭配。

(2) 根据温室结构优化种植模式,通过田间结构调整挖掘生产潜力以获得最大产出,根据前几章的分析,一年一大茬的长周期黄瓜比周年两茬黄瓜两茬生菜的常规种植模式产量高 30%~40%。因此,在冬季有加温设施的温室内,同一作物应该选择长周期的品种,以提高周年的产量。在高架的温室内,种植低矮的绿叶蔬菜、盆花等植物,要考虑多层栽培或立体栽培,以增加空间的利用率。目前生产上采用较多的生菜无土立体栽培方式,其生产力是单层生产的 3.7 倍[1]。

(3) 提高环境调控能力进行反季节栽培,通过时间结构调整即变更收获期以获得最大收入。进行反季节栽培,要提高环境控制的能耗,其系统的能量转化效率不但不能提高而且可能还会下降,但是由于反季节栽培的农产品在该种蔬菜的稀缺季节上市,市场价格高,因此,价值转化效率高。然而要实现反季节栽培必须改善环境调控能力。例如,目前生产上面积最大的塑料大棚,在冬季主要是作果菜类的育苗场所,待到来年开春后进行"春提前"栽培。如果采用三棚五膜(大、中、小棚膜,加盖地膜和小棚外保温幕)的环境方式,在极端寒冷的天气下使用炉子和电热加温等简易加温装置,番茄就能进行越冬栽培,比"春提前"番茄早上市 1 个月以上,其产出投入比能够得到大幅度的提高[2]。

10.2.3　改善投入结构

在固定资产即温室框架结构投入一定的前提下,重点是要改善生产资料和环境控制的投入结构。

(1) 协调生产资料投入结构。生产资料除了种子种苗以外,主要是肥料和农药两大类。

首先要协调养分投入结构。如第 7 章中所述,各地温室生产中注重施用氮肥,轻视磷、钾肥的施用,造成氮肥过量,利用效率下降,面源污染增加,土地的可持续生产力下降。所以要注重氮、磷、钾的协调。另外要注重有机肥和无机肥的协调,即土壤碳氮比的协调,增强土壤微生物的活力,提高养分的有效性。

其次要协调有害生物防治的投入结构,加强病虫害综合防治。采用生物防治和物理防治的方法,多投入生物农药、黄板诱蚜等物理防治,减少化学农药使用。通过健康的生产方式培养健康的植株,生产出内在质量高的绿色食品或有机食品(绿色食品 AA 级)蔬菜,提高产品的经济价值。

(2) 改善环境控制投入结构。上海等现代温室种植产业发展快的城市和地区的多年生产实践表明,在环境控制程度高的现代化温室中,生产的目标必须是高的产量而不是低的运行能耗,只有高产量才能有高产值和高效益[3,4],才能使高投入得到高的回报。但是环境控制能量投入并不是越高越好,而是要寻找合理的投入量和投入结构。首先,作物生长是多种环境因子综合作用的结果,但是目前生产上环境控制能耗主要是在温度的控制上,而其他方面的控制能耗很少。事实上,在晴天光温条件适宜的条件下进行 CO_2 施肥,在连续阴雨天的情况下采用移动式补光,都是促进光合作用的有效手段。在温度控制上,大多数温室都采用经验值设定法,没有根据光照强度的变化进行动态管理,达不到最佳的控制效果;而有些温室为了减少运行能耗,则采用临界值控制法,更不能使温室的增产潜力得到发挥。

10.3　温室选型的风险决策

影响温室生态经济系统功能的因素中,存在大量的不确定性因素,这些因素不仅会造成风险损失,同时也会带来风险收益的机会。综合考虑这些不确定性因素,从而对风险损失和风险收益进行正确评估具有重要意义。在对温室风险效益进行评价时,所收集到的信息大多不精确、模糊甚至互相矛盾,因此,如何量化和合成风险因素是需要解决的问题。

证据理论作为一种不确定推理方法,能很好地处理决策中证据不完备、不直接、模糊性等情况,将人们常用的"很多、较高、很低"等对不确定性因素的判断语言量化,并给出多个因素评价结果合成的方法,最终确定评价结果。证据理论被广泛应用于网络安全风险评估[5]、企业 IT 部门内部服务质量综合评价[6]、事故倾向性综合测评[7]、股票投资风险综合评价[8]等领域中。然而,多次使用证据理论合成规则融合技术会导致确信度过度集中而影响评价结果,结合证据理论合成规则与修正层次分析法可以很好解决这个问题。本节采用证据理论合成规则与修正层次分析法综合评价不同温室类型的风险损失和风险收益。

10.3.1　证据理论概述

修正层次分析法在 9.2 节中已详述,本节对证据理论进行阐述。

证据理论由 20 世纪 60 年代 Dempster 提出,后由 Shafer 在 1976 年出版的《证据的数学理论》专著中建立[9]。证据理论的一些基本定义和合成规则如下[10-13]:

(1) 定义 1　在证据理论中,任意证据均可用一个非空有限集合 $\Theta = \{A_1, A_2, \cdots, A_n\}$ 来表示,即该证据所支持的命题可用 Θ 的子集表示,则称 Θ 为识别框架,称 2^{Θ} 为 Θ 的幂集,其元素个数为 2^n。

(2) 定义 2　设 Θ 是识别框,称 2^{Θ} 为 Θ 的幂集,如果映射 $m:2^{\Theta} \to [0,1]$ 满足

$$m(\Phi) = 0; \quad \sum_{A \subset \Theta} m(A) = 1 \tag{10.1}$$

那么把 m 称为识别框架 Θ 上的基本可信度分配函数,或基本概率指派函数;对于任意 $A \subseteq \Theta, m(A)$ 称为 A 的基本可信度数,它反映了对 A 本身的信度大小。

(3) 定义 3　设 Θ 是识别框,m 是 Θ 上的一个基本概率赋值,有

$$\text{Bel}(A) = \sum_{B \subset A} m(B) \quad (\forall A \subset \Theta) \tag{10.2}$$

所定义的函数 Bel:$2^\Theta \to [0,1]$ 称为 Θ 上对应于 m 的信度函数。

（4）定义 4 如果 $m(A)>0$，子集 A 称为基本概率赋值 m 的焦元。

（5）Dempster 合成法则。证据理论中最关键的是给出 Dempster 合成法则，Dempster 合成法则是反映证据联合作用的法则。给定一组同一识别框架上基于不同证据的信度函数，如果这几批证据不是完全冲突的，那么就可以利用 Dempster 合成法则得到基于不同证据联合作用产生信度函数。

设 Bel_1 和 Bel_2 是同一识别框 Θ 上的两个信度函数，m_1 和 m_2 分别是其对应的基本可信度分配，焦元分别为 $A_1,A_2,\cdots,A_p$ 和 $B_1,B_2,\cdots,B_q$，若 $\sum\limits_{A_i \cap B_j \neq \Phi} m_1(A_i)m_2(B_j)<1$，则定义 $m = m_1 \oplus m_2$ 为

$$m(A) = \frac{\sum\limits_{A_i \cap B_j = A} m_1(A_i)m_2(B_j)}{1 - K} \tag{10.3}$$

其中 $K = \sum\limits_{A_i \cap B_j = \Phi} m_1(A_i)m_2(B_j)$。

由 m 给定的信度函数称为 Bel_1 和 Bel_2 的直和。

它可以推广到多个 m 函数和 Bel 函数的组合，对于多个证据的合成运算 $m = m_1 \oplus m_2 \oplus \cdots \oplus m_n$ 为

$$m(A) = \frac{\sum\limits_{A_1 \cap A_2 \cap \cdots \cap A_n = A} m_1(A_1)m_2(A_2)\cdots m_n(A_n)}{1 - K} \tag{10.4}$$

其中 $K = \sum\limits_{A_1 \cap A_2 \cap \cdots \cap A_n = \Phi} m_1(A_1)m_2(A_2)\cdots m_n(A_n)$。

10.3.2 温室选型风险效应评价模型

1. 影响温室基本功能的风险类型

由于受气候条件、市场、资金、技术和生产管理等多种因素的共同影响，温室生态经济系统面临的风险呈现多样化和复杂化，就风险类型来说，主要包括市场风险、生产经营风险、财务风险和其他风险。

（1）市场风险。主要指温室农产品供应季节性（淡季与旺季）造成价格波动引起的风险、生产单位的营销方式、营销网络及市场体系健全程度而引起的风险、竞争力变化引起的风险等。

（2）生产经营风险。主要指与日常生产经营有关的风险，如与作物栽培管理、与温室环境调控管理相联系的风险。一般温室作物生长周期长，各品种在各生育阶段对环境因子要求不尽相同，加之环境条件复杂多变，造成日常生产管理对作物

品质和产量产生不利的影响。

（3）技术风险。是与温室结构设计技术、环境控制系统设计技术等方面相联系的风险，如技术设计不合理可能导致透光不足、排水不畅、性能差，最终会影响作物的产量与品质。

（4）其他风险。指以上三类风险以外的与温室生态经济系统相关的风险，主要包括政策风险、自然灾害风险、财务风险等。例如，与温室生产有关的经济政策的稳定性、连续性和可控性会给温室带来风险，超高温、超低温、病虫害、冰雪灾害等带来的风险，生产单位由于使用负债融资而引起的盈余变动的风险等。

2. 温室选型风险效应模型层次结构

温室选型风险模型为层次结构，其中，第一层为目标层，对温室生态经济系统风险进行综合评价；第二层为指标层，由风险成本指标 x 和风险收益 y 指标组成；第三层为因素层，由影响温室生态经济系统风险因素组成；第四层为评判层，评判者根据自己的知识、经验和偏好给出评判信息，评判信息应在给定的模糊评语集中进行选择，并给出基本概率赋值。

3. 基于证据理论的温室选型风险效应评价程序

1）确定温室生态经济系统风险的影响因素

根据评判者的综合意见，确定影响温室生态经济系统风险的主要因素。

2）确定影响因素基本概率赋值

确定影响因素的模糊评语集和效用值。$\Omega = \{H_1, \cdots, H_z\}$ 为模糊评语集，其中 $H_l (l = 1, \cdots, z)$ 为具体评语。例如，决策者关于风险成本因素可能给出的评语 $\Omega = \{$很小(H_1)，较小(H_2)，中等(H_3)，较大(H_4)，很大$(H_5)\}$。$u(\Omega) = \{u(H_1), \cdots, u(H_z)\}$ 为决策者给出的模糊评语的效用值集，$u(H_1), \cdots, u(H_z)$ 为对应于模糊评语 H_l 的模糊效用值，其取值范围为 $0 \leqslant u(H_l) \leqslant 1$。

设 p 个评判者对与所有 s 个风险损失因素相对应 $H_l (l = 1, \cdots, z)$ 的基本概率赋值分别为 $\beta_{t,l}^{x_j} (t = 1, \cdots, p; j = 1, \cdots, s)$；对与所有 s 个风险收益因素相对应 $H_l (l = 1, \cdots, z)$ 的基本概率赋值分别为 $\beta_{t,l}^{y_j} (t = 1, \cdots, p; j = 1, \cdots, s; l = 1, \cdots, z)$。

3）确定影响因素的确信度与综合效应值

分配给 p 个评判者关于所有风险损失因素的权重相同，均为 $w_t^1 \Big(t = 1, \cdots, p;$ $\sum_1^p w_t^1 = 1 \Big)$；评判者 $t(t = 1, \cdots, p)$ 对风险损失因素 $x_j (j = 1, \cdots, s)$ 的可信度为 $\gamma_t^{x_j}$，可信度 $\gamma_t^{x_j}$ 由式（10.5）定义，其中，δ_t^1 是权重折扣因子，$v_t^{x_j}$ 为权重修正系数，一般 $0.9 \leqslant v_t^{x_j} \leqslant 1$。

$$\gamma_t^{x_j} = v_t^{x_j} \delta_t^1 \tag{10.5}$$

$$\delta_t^1 = \begin{cases} 1, & w_t^1 \geqslant 1/p \\ pw_t^1, & w_t^1 < 1/p \end{cases}$$

又设评判者 t 对风险损失因素 x_j 关于 $H_l(l=1,\cdots,z)$ 的基本概率赋值为 $m_{t,l}^{x_j}$ $(t=1,\cdots,p;j=1,\cdots,s)$ 及不确信度为 $m_{t,\Omega}^{x_j}$,则有

$$m_{t,l}^{x_j} = \beta_{t,l}^{x_j} \gamma_t^{x_j}$$

$$m_{t,\Omega}^{x_j} = 1 - \sum_{l=1}^{z} \beta_{t,l}^{x_j} \gamma_t^{x_j} \tag{10.6}$$

根据 Dempster 合成法则可将所有评判者的基本概率赋值融合,得到风险损失因素 x_j 的确信度 $\beta_{g,l}^{x_j}(j=1,\cdots,s;l=1,\cdots,z)$ 和不确信度 $\beta_{g,\Omega}^{x_j} = 1 - \sum_{l=1}^{z} \beta_{g,l}^{x_j} \gamma_t^{x_j}$。

设风险损失因素 x_j 的综合效应值为 $\beta_g^{x_j}$,则 $\beta_g^{x_j} = \sum_{l=1}^{Z} u(H_l)\beta_{g,l}^{x_j}(j=1,\cdots,s)$。

分配给 p 个评判者关于所有风险收益因素的权重均为 $w_t^2(t=1,\cdots,p; \sum_1^p w_t^2 = 1)$,同理可以得到各风险收益的确信度 $\beta_{g,l}^{y_j}$ 和不确信度 $\beta_{g,\Omega}^{y_j}$。设风险收益因素 y_j 的综合效应值为 $\beta_g^{y_j}$,$\beta_g^{y_j} = \sum_{l=1}^{Z} u(H_l)\beta_{g,l}^{y_j}(j=1,\cdots,s)$。

4) 确定各因素的权重

风险损失因素 $x_j(j=1,\cdots,s)$ 的权重为 c_j,其中 $\sum_{j=1}^{s} c_j = 1$。c_j 可根据修正层次分析法计算而来,具体方法见 9.2 节。风险收益因素 $y_j(j=1,\cdots,s)$ 的权重为 d_j,其中 $\sum_{j=1}^{s} d_j = 1$。d_j 也根据修正层次分析法计算而来。

5) 确定综合评价值

设评判者作评判时,评判者 $t(t=1,\cdots,p)$ 给出风险成本指标(x)和风险收益指标(y)的权重分别为 $a_t,b_t(a_t+b_t=1)$,分配给评判者 t 关于风险成本指标和风险收益指标的权重均为 $w_t\left(\sum_{t=1}^{p} w_t = 1\right)$,则评判群体关于风险成本指标和风险收益指标的综合权重分别为 $\lambda = \sum_{t=1}^{p} w_t b_t,1-\lambda = \sum_{t=1}^{p} w_t a_t$。从而可得出评判群体对各类温室风险成本评价值 R_g、风险收益评价值 V_g 和风险效应综合评价值 F_g:

$$R_g = \sum_{j=1}^{s} c_j \beta_g^{x_j}$$

$$V_g = \sum_{j=1}^{s} d_j \beta_g^{y_j}$$

$$F_g = \lambda V_g - (1-\lambda) R_g \tag{10.7}$$

10.3.3　风险决策研究实例

根据专家意见,影响温室生态经济系统风险的因素为市场风险、技术风险、生产经营风险、其他风险四个。其层次结构见图 10.1 所示。

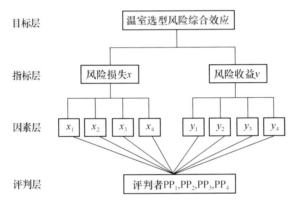

图 10.1　温室选型风险效应模型层次结构(实例)

$x_1 \sim x_4$ 分别为市场风险损失、技术风险损失、生产经营风险损失、其他风险损失;

$y_1 \sim y_4$ 分别为市场风险收益、技术风险收益、生产经营风险收益、其他风险收益;

PP_1、PP_2、PP_3、PP_4 为四位评判者的编号

对四个专家(评判者,设他们的编号分别为 PP_1、PP_2、PP_3、PP_4)进行了面对面调查,统计出他们对三类温室(大棚)风险四个影响因素的基本概率分布如表 10.1 所示。分配给他们关于风险损失(收益)因素的权重分别为 $w_1 = 0.3, w_2 = 0.3$, $w_3 = 0.2, w_4 = 0.2$。他们给出的风险损失和收益权重分别为 $a_1 = 0.42, b_1 = 0.58$, $a_2 = 0.38, b_2 = 0.62, a_3 = 0.30, b_3 = 0.70, a_4 = 0.40, b_4 = 0.60$。因此 ,$\lambda = \sum_{t=1}^{4} w_t b_t = 0.62, 1 - \lambda = 0.38$。

综合四人意见,得出市场损失风险、技术损失风险、生产经营损失风险、其他风险损失四个因素的判断矩阵 $\boldsymbol{C}$ 如下,各风险收益因素判断矩阵与之相同。

$$\boldsymbol{C} = \begin{bmatrix} & x_1 & x_2 & x_3 & x_4 \\ x_1 & 1 & 1/2 & 1 & 1 \\ x_2 & 2 & 1 & 1/2 & 2 \\ x_3 & 1 & 2 & 1 & 2 \\ x_4 & 1 & 1/2 & 1/2 & 1 \end{bmatrix}$$

根据 C，采用修正层次分析法得出市场风险损失（收益）、技术风险损失（收益）、生产经营风险损失（收益）、其他风险损失（收益）的权重分别为：$c_1 = d_1 = 0.2026, c_2 = d_2 = 0.2865, c_3 = d_3 = 0.3407, c_4 = d_4 = 0.1703$。

根据表 10.1 和证据理论 Dempster 合成法则，得到评判群体关于因素的确信度如表 10.2 所示，其中所有风险损失与收益的权重修正系数 $v_t^{x_j}$ 与 $v_t^{y_j}$ 均取 1。根据评判群体关于因素的确信度及相应模糊评语的效应值求出各因素综合效应评价值如表 10.3 所示。根据各因素综合效应值和风险损失、收益综合权重求出各温室类型风险综合效应评价值如表 10.4 所示。

表 10.1　温室（大棚）风险损失与收益基本概率的调研统计

		玻璃自控温室			连栋塑料温室			单栋塑料大棚		
		H_2	H_3	H_4	H_2	H_3	H_4	H_2	H_3	H_4
市场风险损失 x_1	PP_1	0.2	0.3	0.5	0.2	0.5	0.3	0.6	0.2	0.2
	PP_2	0.2	0.4	0.4	0.2	0.6	0.2	0.5	0.4	0.1
	PP_3	0.1	0.4	0.5	0.1	0.7	0.2	0.5	0.3	0.2
	PP_4	0.1	0.4	0.5	0.1	0.5	0.4	0.5	0.3	0.2
		H_2	H_3	H_4	H_2	H_3	H_4	H_2	H_3	H_4
技术风险损失 x_2	PP_1	0.2	0.2	0.6	0.2	0.2	0.6	0.4	0.4	0.2
	PP_2	0.1	0.4	0.5	0.2	0.3	0.5	0.5	0.4	0.1
	PP_3	0.3	0.3	0.4	0.2	0.4	0.4	0.6	0.2	0.2
	PP_4	0.1	0.4	0.5	0.1	0.5	0.4	0.5	0.3	0.2
		H_2	H_3	H_4	H_2	H_3	H_4	H_2	H_3	H_4
生产经营风险损失 x_3	PP_1	0.2	0.2	0.6	0.1	0.4	0.5	0.5	0.3	0.2
	PP_2	0.1	0.4	0.5	0.1	0.5	0.4	0.5	0.4	0.1
	PP_3	0.1	0.4	0.5	0.2	0.4	0.4	0.6	0.2	0.2
	PP_4	0.1	0.3	0.6	0.1	0.4	0.5	0.5	0.3	0.2
		H_2	H_3	H_4	H_2	H_3	H_4	H_2	H_3	H_4
其他风险损失 x_4	PP_1	0.1	0.5	0.4	0.2	0.6	0.2	0.5	0.4	0.1
	PP_2	0.3	0.3	0.4	0.1	0.7	0.2	0.4	0.4	0.2
	PP_3	0.2	0.4	0.4	0.1	0.5	0.4	0.6	0.3	0.1
	PP_4	0.2	0.3	0.5	0.2	0.4	0.4	0.6	0.2	0.2
		H_3	H_4	H_5	H_3	H_4	H_5	H_3	H_4	H_5
市场风险收益 y_1	PP_1	0.4	0.1	0.5	0.4	0.4	0.2	0.4	0.4	0.2
	PP_2	0.1	0.4	0.5	0.3	0.4	0.3	0.5	0.3	0.2
	PP_3	0.1	0.3	0.6	0.4	0.2	0.4	0.5	0.2	0.3
	PP_4	0.3	0.2	0.4	0.4	0.4	0.2	0.6	0.3	0.1

续表

		玻璃自控温室			连栋塑料温室			单栋塑料大棚		
		H_3	H_4	H_5	H_3	H_4	H_5	H_3	H_4	H_5
技术风险收益 y_2	PP_1	0.1	0.4	0.5	0.4	0.2	0.4	0.5	0.3	0.2
	PP_2	0.2	0.3	0.5	0.3	0.3	0.4	0.6	0.2	0.2
	PP_3	0.3	0.3	0.4	0.4	0.3	0.4	0.5	0.2	0.3
	PP_4	0.1	0.5	0.4	0.3	0.3	0.4	0.5	0.2	0.3
		H_3	H_4	H_5	H_3	H_4	H_5	H_3	H_4	H_5
生产经营风险收益 y_3	PP_1	0.2	0.2	0.6	0.2	0.5	0.3	0.6	0.2	0.2
	PP_2	0.2	0.3	0.5	0.4	0.2	0.4	0.5	0.2	0.3
	PP_3	0.1	0.3	0.6	0.3	0.4	0.3	0.5	0.3	0.2
	PP_4	0.1	0.4	0.5	0.3	0.4	0.3	0.6	0.2	0.2
		H_3	H_4	H_5	H_3	H_4	H_5	H_3	H_4	H_5
其他风险收益 y_4	PP_1	0.3	0.3	0.4	0.3	0.4	0.3	0.7	0.2	0.1
	PP_2	0.1	0.5	0.4	0.3	0.4	0.3	0.6	0.3	0.1
	PP_3	0.3	0.4	0.3	0.4	0.4	0.2	0.6	0.2	0.2
	PP_4	0.4	0.2	0.4	0.2	0.5	0.3	0.6	0.2	0.2

表 10.2　评判群体关于因素的确信度

类　型	模糊评语	风险损失				模糊评语	风险收益			
		市场风险损失 x_1	技术风险损失 x_2	生产经营风险损失 x_3	其他风险损失 x_4		市场风险收益 y_1	技术风险收益 y_2	生产经营风险收益 y_3	其他风险收益 y_4
玻璃自控温室	H_2	0.017	0.0085	0.002	0.0203	H_3	0.0189	0.0102	0.0041	0.1035
	H_3	0.2728	0.1368	0.0962	0.3040	H_4	0.0377	0.3072	0.0738	0.3448
	H_4	0.7102	0.8547	0.9018	0.6757	H_5	0.9434	0.6826	0.9221	0.5517
连栋塑料温室	H_2	0.0036	0.0132	0.0028	0.0044	H_3	0.5455	0.3692	0.2143	0.1614
	H_3	0.9528	0.1974	0.4432	0.9251	H_4	0.1818	0.1385	0.3571	0.7175
	H_4	0.0436	0.7895	0.554	0.0705	H_5	0.2727	0.4923	0.4286	0.1211
单栋塑料大棚	H_2	0.9036	0.8523	0.9036	0.878	H_3	0.8772	0.9259	0.9494	0.9818
	H_3	0.0867	0.1364	0.0867	0.1171	H_4	0.1053	0.0296	0.0253	0.0156
	H_4	0.0096	0.0114	0.0096	0.0049	H_5	0.0175	0.0444	0.0253	0.0026

表 10.3　评判群体关于指标的综合效应评价值

类　型	风险损失				风险收益			
	市场风险损失 x_1	技术风险损失 x_2	生产经营风险损失 x_3	其他风险损失 x_4	市场风险收益 y_1	技术风险收益 y_2	生产经营风险收益 y_3	其他风险收益 y_4
玻璃自控温室	0.7097	0.7547	0.7701	0.6986	0.9358	0.8993	0.9371	0.8517
连栋塑料温室	0.5123	0.7342	0.6657	0.5203	0.6773	0.7631	0.8000	0.7697
单栋塑料大棚	0.3222	0.3330	0.3222	0.3259	0.5395	0.5289	0.5190	0.5058

表 10.4　生产温室风险综合效应评价值

评价值	玻璃自控温室	连栋塑料温室	单栋塑料大棚
风险损失评价值 R_g	0.7414	0.6295	0.3259
风险收益评价值 V_g	0.9180	0.7595	0.5238
风险综合效应评价值 F_g	0.2766	0.2317	0.2009

从表 10.4 中可以看出,玻璃自控温室风险损失评价值、风险收益评价值均最大,风险综合效应评价值也最大;随其后的是连栋塑料温室,单栋塑料大棚风险损失评价值、风险收益评价值均最小,风险综合效应评价值也最小。这与前面的研究是相符的。

风险偏好对温室类型最终风险综合效应评价值有重要的影响,λ 就是反映风险偏好程度的参数,λ 越大,风险偏好倾向就越大。该例中,λ＝0.62,说明评判群体是风险偏好的。假定各类温室的风险损失评价值与风险收益评价值是已知的,如表 10.4,则风险综合效应评价值与反映风险偏好程度的参数存在如下关系式。

玻璃自控温室:$F_g^1 = 0.9180\lambda - 0.7414(1-\lambda)$

连栋塑料温室:$F_g^2 = 0.7595\lambda - 0.6295(1-\lambda)$

单栋塑料大棚:$F_g^3 = 0.5238\lambda - 0.3259(1-\lambda)$

如图 10.2 所示,从图中可以看出,风险厌恶者宁愿选择单栋塑料或连栋塑料温室,而风险偏好者宁愿选择玻璃自控温室。因为风险偏好者信奉高风险高回报,风险越大,获得高收益的机会也大。

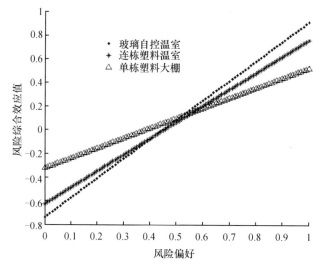

图 10.2　风险偏好对温室风险综合效应值的影响

总体而言,在我国南方目前生产水平下,单栋塑料大棚由于投资低、见效快,比较适合于大面积推广应用,是高产高效农业的主要模式。在经济条件好的地区可以发展连栋塑料温室,提高土地的生产力。玻璃自控温室代表了温室种植业的最高水平,但由于投资高、风险大,在现阶段适合于科学研究、高科技示范、观光农业及种植高档花卉等。

参 考 文 献

[1] 李止正,龚颂福.立柱和柱式无土栽培系统及其在生菜栽培上的应用.应用与环境生物学报,2002,8(2):142-147.

[2] 李萍萍,胡永光.塑料大棚多层覆盖及电热加温的冬季增温效应.农业工程学报,2002,18(2):76-79.

[3] 蔡象元,张文斌,李汉卿.上海市设施园艺发展现状与效益分析.长江蔬菜,1999,11:33-35.

[4] 黄丹枫,牛庆良.现代化温室生产效益评析.沈阳农业大学学报,2000,31(1):18-22.

[5] 高会生,朱静.基于D-5证据理论的网络安全风险评估模型.计算机工程与应用,2008,44(6):157-168.

[6] 刘爱梅,李光华,周国华.基于证据理论的企业IT部门内部服务质量综合评价.科技管理研究,2008,6:307-309.

[7] 高珍伟,朱卫东,张晨.基于证据理论的事故倾向性综合测评研究.合肥工业大学学报(自然科学版),2008,31(6):918-921.

[8] 鞠彦兵,王爱华.基于证据理论的风险收益评价模型及其应用.数学的实践与认识,2006,36(12):19-28.

[9] Shafer G. A Mathematical Theory of Evidence. Princeton,NJ:Princeton University Press,1976.

[10] 杨善林.智能决策方法与智能决策支持系统.北京:科学出版社,2005.

[11] 朱厚任,杨善林,朱卫东.基于证据理论的公务员绩效评价分析.合肥工业大学学报(自然科学版),2006,29(12):1485-1488.

[12] 李宏坤,马孝江,王珍.基于多征兆信息融合论的柴油机故障诊断.农业机械学报,2004,35(1):121-124.

[13] 杨玉建,杨劲松.基于D-S证据理论的土壤潜在盐渍化研究.农业工程学报,2005,21(4):30-33.